에스토니아어 알기와 공부하기

Kuidas seda nimetatakse eesti?
에스토니아어 알기와 공부하기

초판 1쇄 펴낸날 2011년 8월 26일

지은이 이상금 · 허남영 · 성지혜
펴낸이 강수걸
펴낸곳 산지니
등록 2005년 2월 7일 제14-49호
주소 부산광역시 연제구 거제1동 1493-2 효정빌딩 601호
전화 051-504-7070 | **팩스** 051-507-7543
sanzini@sanzinibook.com
www.sanzinibook.com

ISBN 978-89-6545-158-7 93730

* 책값은 뒤표지에 있습니다.
* 이 도서의 국립중앙도서관 출판시도서목록(CIP)은
  e-CIP 홈페이지(http://www.nl.go.kr/cip.php)에서
  이용하실 수 있습니다.(CIP 제어번호 : CIP 2011003318)

에스토니아어
알기와 공부하기

Kuidas seda nimetatakse eesti?

이상금 · 허남영 · 성지혜 지음

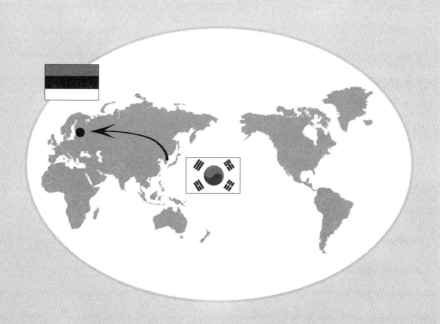

산지니

새로운 언어, 새로운 세계

 이 책은 발트3국에 속하는 에스토니아와 에스토니아어에 관심을 갖는 분들을 위한 것이다. 요즈음 들어 차츰 새로운 나라, 새로운 문화에 대한 관심은 다양한 형태로 나타나고 있는 실정이다. 그러나 생소한 나라의 정보나 지식은 대개 인터넷 웹사이트 검색이나 백과사전을 통해 전달되는 한계를 드러내고 있다. 달리 말하자면, 세계화 시대 다른 나라를 안다는 것은 결국 소통을 의미하는 것으로, 우리의 입장에서 좀 더 능동적 준비가 필요한 시점이다. 즉 나라끼리의 소통과 교류를 위한 전제는 분명하게 설정하고 해소해야 할 일이라고 믿기 때문이다.

 이를 위해 인문학적 지식의 습득과 인식의 과정은 매우 중요한 팩트에 속한다. 무엇보다도 역사, 언어, 문화를 이해하는 단계가 필요하다는 뜻이다. 물론 문화의 일차적인 요인은 언어이다. 외교든, 민간의 교류협력이든, 무역이든, 여행이든 그 나라의 언어와 문화를 먼저 이해하는 과정을 거치지 않고서는 단기적인, 아니 그야말로 수박 겉핥기에 그칠 수 있다. 더욱이 그곳에서 공부하기를 원하거나 비교적 오랫동안 머물기를 바라는 사람일 경우 해당국 언어의 이해와 학습은 필수적이다.

때문에 이 책은 기존의 언어입문서와 달리 에스토니아에 대한 기본적인 소개와 함께 크게 '에스토니아어의 음운적인 특징, 일상적인 표현 익히기 그리고 외국어로서의 언어학습을 위한 문법' 등 세 개의 영역으로 간략하게 구성하였다. 또한 기능별 표현을 제시하여 관련 문법이나 어휘를 동시에 학습할 수 있도록 하였다. 중간 중간 에스토니아 문화를 간략하게 소개하여 언어를 익히는 동시에 실제 그곳에서의 활동에 도움이 되는 자료로 활용하도록 최대한 배려하였다. 특히 여행을 원하는 분들에게 꼭 필요한 일상어를 가능한 많이 수록하였다.

요약하면, 에스토니아어를 전혀 모르는 사람도 이 책을 통해서 기본적인 회화가 가능하도록 하였으며, 색인 편에서는 본문에 제시된 어휘이자 일상에서 필요한 어휘를 다시 정리하여 독자가 참조할 수 있도록 하였다. 덧붙여 몇몇 사진과 풍경을 간단한 설명과 함께 넣었다.

이러한 작업은 결코 간단하지 않았다. 그렇다고 전혀 새롭게 만든 것은 아니다. 지금으로부터 7년 전 독일에서 먼저 에스토니아어 관련 입문서를 구입하여 혼자 익혔다. 귀국 후 몇 년간은 관련 연구와 저서를 발간하는 데 많은 시간을 보냈으며, 지금도 연구는 계속되고 있다. 그간 현지를 세 번이나 방문하였지만, 에스토니아어에 대한 갈

중은 여전히 해소되지 않았기에 박사급 연구원들과 함께 3년 동안 공동으로 작업을 하게 되었다.

무엇보다도 생소한 언어가 갖는 문제점으로 인해, 이 책은 그렌홀름(Irja Grönholm)의 여행자를 위한 책 『에스토니아어 Estnisch - Wort für Wort』(2002)를 중심으로 번역 및 보완 · 보충했음을 미리 밝힌다. 그러나 한 권의 책으로, 더구나 일반 독자를 위한 책으로 발간하기에는 부족한 점이 많았다. 아직도 언어적 한계를 극복하는 과정은 끝나지 않았지만, 그렇다고 포기할 수 없다는 사명감으로 일관한 자세 때문에 가능했는지 모르겠다. 이처럼 나름대로의 어려움을 겪고 있는 가운데, 에스토니아 타르투 대학의 루카스(Liina Lukas) 교수가 올해 초 부산대를 방문하였다. 그때 그녀의 도움은 결정적이었다. 제1회 '한-EU FTA와 발트국' 주제의 국제심포지움에서 발표를 마치고 본국으로 귀국한 후, 꼼꼼하게 수정표시가 들어 있는 원고를 보내주었다. 마침내 이의 확인 작업을 거침으로써 나름대로의 자신감을 갖게 되었다.

이러한 근거로 가능한 한국어 독자의 수준에 맞도록 순서와 구성을 달리했으며, 단조로운 글의 구성을 피하기 위해 필요한 경우 독자적인 삽화를 사용하였다. 따라서 이 자리를 빌려 삽화를 마련한 서동진 님, 어려운 출판을 맡아준 산지니 출판사와 편집에서 남다른 수고를 아끼지 않은 권경옥 님께 고마움을 전한다. 물론 공동 작업으로 고생한 허남영 박사와 성지혜 박사과정생, 그리고 모국어인 에스토니아어를 직접 검증해준 루카스 교수께도 감사를 전한다.

발트3국은 신생 독립국이자 유럽연합 회원국으로서 오늘날 주목

받는 나라들이다. 특히 러시아와 서부 유럽의 중간에 놓인, 즉 지정학적으로 우리의 관심과 협력 그리고 교류가 필요한 나라이다. 이들에 대한 올바른 이해는 역으로 우리를 올바르게 알리는 기회이기도 하다. 자그마한 이 책을 통해 "나를 알기 위해 남을 알아야 하는 역설을 충족"시키는 계기가 되길 바라면서,

2011년 한여름날
지은이 대표 이상금 씀

차례 Contents

Osa IV. 에스토니아어 문법 익히기

Osa V. 부록

Osa I
에스토니아 개관

kuidas seda nimetatakse eesti?

01. 역사와 환경

역사

에스토니아를 이해하기 위해서는 먼저 '발트' 와 '발트해' 에 대한 이해가 필요하다. 발트해는 덴마크로부터 독일, 폴란드, 리투아니아, 라트비아, 에스토니아, 러시아, 핀란드, 스웨덴, 노르웨이 등에 이르기까지 모두 10개 나라가 감싸 안고 있는 유럽 북부의 바다이다. 이제는 유럽연합에 속하는 바다가 되었지만, 나라마다 사용하는 명칭은 다르다.

그렇다면 '발트' 의 뜻은 무엇일까? 'Balt-' 라는 어근(語根)은 리투아니아어 '발타스(baltas)', 라트비아어 '발츠(balts)' 라는 형용사에서 비롯되었으며, '희다' 라는 뜻이다. 한국과 중국 사이에 놓여 있는 황해가 때론 누렇게 보이는 것처럼, 실제 이곳 바다는 하얗다는 느낌을 받을 때가 많다. 때문에 발트해는 리투아니아어 '발티요스 유라(Baltijos Jūra)', 라트비아어 '발티야스 유라(Baltijas Jūra)' 로 표기된다.

그러나 에스토니아에서는 '레네메리(Läänemeri)' — '서해' 라는

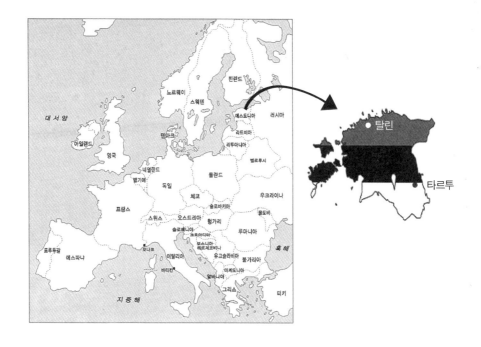

뜻-로 표기하고 있다. 라트비아와 리투아니아와 달리 에스토니아 사람들은 그들의 정서를 담은 민요나 노래에서는 발트해가 아니라 '서해'라는 이름을 사용했으며, 지금도 그렇게 사용하고 있다. 독일 에서는 이 바다를 '동해(Ostsee)'라고 부르며, 덴마크와 스칸디나비아어로도 발트해는 '동해'이지 '하얀 바다'가 아니다. 폴란드에서는 'balt'와 음가(音價)가 비슷한 단어를 쓰고 있으나, '희다'라는 뜻과는 관련이 없다.

그렇다면 '발트해'는 언제부터 누구에 의해 사용되었을까? 최초의 기록으로 독일 브레멘 출신 아담이라는 한 역사가가 1076년 『함부르크 대주교들의 행적(Gesta Hammaburgensis Ecclesiae

Pontificum)』이라는 저술에서 이 바다를 '마레 발티쿰(Mare Balticum)' ─ '발트의 바다' 라는 뜻 ─ 이라고 명명한 데서부터 시작되었다고 전해지고 있다. 또한 발트해는 허리띠처럼 길게 늘어져 있기 때문에 당시 '허리띠' 라는 단어의 음가에서 차용된 단어라는 말과 함께 라트비아어로 '하얀 바다' 이외 '큰 바다' 라는 뜻을 가진 단어로도 쓰이고 있다.

에스토니아를 비롯한 발트국은 일찍이 유럽 강대국들로부터 끊임없이 지배를 받아왔으며, 2차 세계대전 이후로는 구소련의 공화국에 속했다. 1991년 독립을 이루고 유럽연합의 회원국이 되기까지 소수민족이자 약소국으로서 험난한 역사의 길을 걸어왔다. 그러나 발트3국은 이러한 공통된 역사적 배경에도 불구하고 서로 상이한 민족이며 다른 언어를 사용하고 있다. 특히 에스토니아는 나머지 국가들과 유전학, 언어학적으로 그 근원을 달리한다.

위치

에스토니아는 동경 21°~28°, 북위 57°~59°의 발트해 동부에 위치한다. 발트3국 중 가장 북쪽으로 위치하며, 동쪽으로는 러시아, 남쪽으로는 라트비아, 북쪽으로는 핀란드만, 서쪽은 발트해를 끼고 스웨덴과 마주한다. 국토의 대부분이 평야 지형이며 국토의 절반은 삼림으로 덮여 있다. 면적은 3국 중 가장 작다. 45,227km²(한반도의 1/5)에 불과하지만 덴마크, 네덜란드, 스위스(면적 41,285km², 인구 752만 명)보다는 약간 크다. 에스토니아는 발트3국 중 유일하게 많은

에스토니아에 대한 정보	
수도	탈린(Tallinn)
면적	45,227km²
인구	1,342,000(2007)
언어	에스토니아어
기후	차고 습기찬 대륙성 기후
종교	루터파신교, 러시아정교, 침례교
표준시간	UTC+2(UTC+3: 3월-10월)

섬을 가지고 있는 나라이다. 섬의 면적이 2,833km²에 이른다. 섬은
전부 1,521개가 있으며, 큰 섬으로는 사레마(Saaremaa), 히우마
(Hiiumaa), 무후(Muhu) 섬이 있고, 긴 강으로는 페르누강(Pärnu,
144Km), 카사리강(Kasari, 112Km), 에마으기강(Emajõgi, 101Km)이
있으며, 발트 최고봉인 수르 무나메기(Suur Munamägi, 해발 318m)
가 있다.

도시

　　큰 도시로는 수도 탈린(Tallinn), 대학도시는 타르투(Tartu),
공업도시는 나르바(Narva)와 코흐틀라 예르베(Kohtla-Järve), 관광도
시는 페르누(Pärnu) 등이 있다. 그리고 에스토니아에는 6개의 지방
이 있으며, 도시의 성격에 따라 그 지방의 성격 또한 차이가 난다. 수
도가 위치한 하르유마(Harjumaa)는 귀족적인 성격, 대학도시가 위치

한 타르투마(Tartumaa)는 학자적인 성격, 공업지대가 많은 북동부의 비루마(Virumaa)는 노동자적인 성격, 남부지역인 물기마(Mulgimaa)는 부자들의 성격, 남동쪽의 세투마(Setumaa)는 유흥을 좋아하는 성격, 섬 지역 사아레마(Saaremaa)는 뱃사람다운 성격이다.

에스토니아의 수도인 탈린(Tallinn)은 '덴마크의 도시'라는 의미이다. 발트해의 핀란드만 남동 해안에 접해 있으며 에스토니아의 중북부에 위치한 항만도시이다. 공업의 중심지이며 핀란드의 수도 헬싱키까지 페리로 약 45분 거리에 있다. 인구는 2006년을 기준으로 약 40만 명이 거주하고 있다.

타르투(Tartu)는 에스토니아 제2의 도시이자 최대의 교육도시이다. 타르투를 일컫는 상징적인 말은 바로 에스토니아어로 Heade Mõtete Linn, 즉 '좋은 생각의 도시'라는 말이다. 탈린이 에스토니아의 수도, 즉 머리 도시(Pealinn)라면 타르투는 '머리가 있는 도시(Linn peaga)'이다. 다시 말해 타르투는 에스토니아의 지성인들을 낳고 기르는 중심지인 셈이다. 그런 의미에서 에스토니아의 교육문화부는 정치적 수도인 탈린에 있지 않고 이곳 타르투에 있다. 타르투는 중세시대 유럽의 무역중심도시들의 연맹인 한자동맹 도시 중 하나로서 독일, 러시아, 북유럽의 영향을 골고루 받으면서 국제적인 도

시로 발전했다. 타르투의 상징인 타르투대학교는 1632년 스웨덴의
아돌프 구스타프 2세가 설립한 학교로 에스토니아는 물론 발트3국
전체의 민족의식을 일깨우고 신학문을 보급하는 데 앞장선 선구자
역할을 했다.

환경

에스토니아의 기후는 온
화한 대륙성으로 전반적으로 농
업에 적합하다. 1년 중 월평균기
온이 가장 낮은 달은 2월로, 탈린
의 경우 2월 평균기온이 −6℃이
다. 한편 평균기온이 17℃인 7월
이 가장 더운 달이다. 특히 서해
안은 겨울에도 따뜻하다. 탈린의
연평균 강수량은 600~700mm로
연중 고른 분포를 나타낸다. 에스

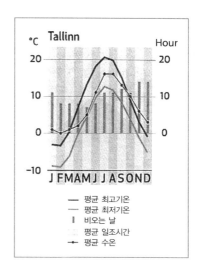

토니아에는 말코손바닥사슴(moose), 노루, 붉은 사슴, 멧돼지 등을
비롯한 약 60종의 포유동물이 서식하며, 특히 북동부 삼림지역에서
는 곰과 스라소니(lynx)를 볼 수 있다.

02. 언어와 문화

사람

　　에스토니아인들은 발트인종에 속하는 인종이 아니라, 핀란드와 맥을 같이 하는 핀우그르족에 속한다. '에스토니아'라는 단어의 기원이 되었을 듯한 '에스티(Aesti)'라는 말은, 로마 시대의 역사가 타키투스(Tacytus)의 기록에 처음 등장하는데, 그 말은 단순히 현재의 '에스토니아인'들만을 일컫는 것이 아니라, '동쪽에 사는 사람'이란 뜻으로 발트인 모두를 지칭한다.

　　에스토니아의 인구는 1,340,021명(2010년) 정도로 추산되며, 전체 인구의 68.7%가 에스토니아니인, 25.6%가 러시아인이다. 그 외에도 5.7%가 우크라이나인, 벨라루스인, 핀란드인, 기타 소수민족으로 구성될 정도로 역사적 변천과정을 통해 인구 소멸, 이동과 유입이 많았다. 언어는 에스토니아어·러시아어를 사용하는데, 러시아인은 2차 세계대전 후 모스크바의 이주, 인구정책에 따라 에스티(Aesti)로 이동했다.

　　평야와 벌판, 호수, 그리고 1,521개의 많은 섬으로 아름다운 자연

을 가진 에스토니아인들은 순박한
사람들이지만 끊임없는 외세의 압
박에도 굴하지 않고 시련을 극복한
강한 국민성을 가지고 있다. 반도국
가로 우리와 같이 대륙의 문화가 해
양으로 진출하기 위해서는 러시아

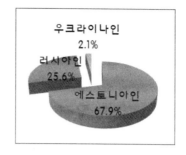

와 독일의 충돌을 겪어야 했다. 그러나 그들은 어떤 시련이 있어도
쓰러지지 않은 국민성을 가지고 있다.

우리와 같이 농경민족이기 때문에 전승문화가 발달하였다. 10세
기 후반부터 이러한 농민문화가 엘리트 문화와 접목이 되어 후에 독
립을 이루는 기반이 된다. 전승문화의 큰 축으로 노래문화, 즉 민요
가 발달하였으며 수록된 민요만 하더라도 무려 10만 개나 된다. 세계
에서 2번째로 많은 민요를 가지고 있을 정도로 에스토니아인들은 노
래를 좋아하는 민족으로 일컬어진다.

언어

1991년 발트3국 중 제일 먼저 소련으로부터 독립한 에스토
니아어는 흥미롭게도 유럽의 대다수 언어의 어원인 인도유럽어족에
속하지 않고 또 다른 유럽의 주류 어원인 우랄어족에 속한다. 우랄어
족 중에서도 특히 핀란드 반도, 북서 시베리아 그리고 헝가리 스텝
지역 사람들의 언어인 핀-우그르어족(Fino-Ugrisch)의 한 갈래인 발
트-핀란드어에 속한다.

에스토니아어는 특히 핀란드어를 구성하고 있는 핀어와 매우 유사하지만 헝가리어와는 그 특징을 달리 한다. 헝가리는 사실상 역사적 지리적 요인으로 독자적으로 언어가 발달하고 변천했기 때문에 에스토니아어와는 표기 및 발음 등에서 차이가 많다. 반면 어원의 60~70%가 같은 핀란드어와는 서로 의사소통이 가능할 정도로 유사하다.

에스토니아어는 일찍이 덴마크, 스웨덴, 독일, 러시아와 같은 강대국의 침범으로 오랫동안 이 국가들의 언어 영향을 많이 받았다. 특히 1721~1918년까지는 러시아의 점령하에 있던 시기로 모든 분야에서 철저히 러시아화되었다. 1918년 독립 이후 고유문화 고수와 살리기에 대한 변화가 일어나기 시작하지만, 대전 이후 소련에 합병되면서 다시 러시아화가 진행되기도 했다.

1934년 최초로 독립한 해에 에스토니아인의 88%가 에스토니아어를 사용했다. 그러나 소련 위성국으로 식민지 지배를 받을 당시에는 소련의 언어 탄압정책으로 1991년 2차 독립 전까지(1940~1990년) 철저히 배척받았다. 그 결과 1990년 에스토니아 본토에서 에스토니아어를 사용하는 사람은 약 63%일 뿐이었다. 이렇게 소련의 철저한 배타정책으로 에스토니아어는 공용어의 자리에 러시아어를 받아들일 수밖에 없었다. 따라서 에스토니아 본토에 거주하는 외국인에게는 에스토니아어의 사용가치가 없었다.

이후 1991년 독립되면서 변화의 바람이 불기 시작했다. 2003년에는 에스토니아 국민 중 약 68%가 에스토니아어를 다시 사용하게 되었으며, 2004년 5월 1일 이래로 유럽연합의 공식어로 인정받게 되었다. 특히 언어 정책에 있어서는 2000~2007년 에스토니아 사회적 통합 프로그램에서 학교에서도 에스토니아어로 수업하고, 성인들에게도 에스토니아어 무료수업을 제공하고 있다. 에스토니아 소수 민족에게도 에스토니아어를 제1외국어로 습득시키면서 130,000의 국적 없는 이들에게 시민권을 수여하고 에스토니아어를 널리 전파하였다. 그 결과 1989년 국민의 67%가 그리고 2008년에는 82%가 에스토니아어를 사용하게 되었다.

문화

에스토니아의 문화 중 대표적인 것으로 거의 5년마다 탈린에서 개최되어온 '노래 축제(Sängerfest)'를 들 수 있다. 에스토니아인들은 노래하는 민족으로 지칭될 정도로 노래를 즐기고 민요를 부름으로써 그들 민족의 정체성을 지켜왔다. 1869년 에스토니아에서 시작된 노래 축제는 리투아니아와 라트비아로 전파되어갔다. 이는 발트3국의 공통점을 형성하게 되고, 3국 합작의 '노래하는 혁명'으로 이어진다.

스칸디나비아, 핀란드, 발트3국에서는 일 년 중 밤이 거의 어두
워지지 않은 시기(백야, 白夜)인 6월 중·하순경에 '한여름축제
(Mittsomerfest)'가 열린다. 원래 이교도 내지 고유의 민속 축제라
고 할 수 있는 한여름축제일(Jaanipäev)은 6월 24일이지만, 에스토
니아에서는 23일 저녁부터 한여름 전야제가 시작되어 그 다음 날
새벽까지 이어진다. 성탄절이 오기 전까지는 에스토니아에서 가장
중요한 의미를 지닌 축제로, 가능한 한 시골이나 농촌에서 보내기
때문에, 도시는 이 시기에 인적이 드물다. 에스토니아의 전통적 한
여름축제에는 밤새도록 꺼지지 않는 불놀이가 행해진다. 도서지역
에서는 오랜 전통에 따라 더 이상 사용할 수 없는 배를 불태우기도
한다.

그 밖에 에스토니아의 유명한 축제로는, 매년 한자도시 빌얀디
(Viljandi, Fellin)에서 7월에 4일간 개최되는 '빌얀디민속음악축제
(Viljandi Folk Music Festival)'가 있다. 이 축제는 몇 년 사이 에스토
니아의 전통 민속 음악을 넘어 유럽 민속 음악의 국제적 만남이 되고

에스토니아의 한여름축제와 빌얀디민속음악축제

있다. 외국에서 온 방문객의 눈에는 민속음악에 열광하는 에스토니아의 젊은이들이 의아하게 보일 정도로 여전히 에스토니아의 젊은 세대들에게 인기가 있고, 그들의 민족적 정체성을 확인하는 축제이다. 노래에 대한 발트3국의 극진한 사랑과 열정은, 1988년 이래 발트3국이 공동으로 수최하는 '발트국제민요축제(International Folklore Festival Baltica)'로 이어지고 있다.

Osa II
에스토니아어 특징

kuidas seda nimetatakse eesti?

01. 알파벳과 표기

■ **알파벳**

　지구상 언어 중에서 제일 잘 구워진 언어 중의 하나라는 전설에서도 알 수 있듯이 에스토니아어는 다양하고도 풍성한 모음을 가진 아름다운 소리 언어이다.

　에스토니아는 28개(모음은 9개, 자음은 19개)의 알파벳으로 구성되며, 모두 쓰인 대로 발음된다. 장모음은 이중문자의 형태이다.

　에스토니아어는 다수가 이중문자로 표시되어 그다지 쉽게 학습할 수 있는 언어는 아니다. 특히 문법적인 기호는 접미어에 표현되었다. 명사의 격어미와 선행사는 간단하게 연결되는데, 격변화는 단어 어간의 자음이 변한 것이다.

A	a	[aː]	(Q)	(q)	[kuː]
B	b	[beː]	R	r	[ɛr]
(C)	(c)	[tseː]	S	s	[ɛs]
D	d	[deː]	Š	š	[ʃ]¹⁾
E	e	[eː]	Z	z	[tsɛt]
F	f	[ɛf]	Ž	ž	[ʒ]²⁾
G	g	[geː]	T	t	[teː]
H	h	[haː]	U	u	[uː]
I	i	[iː]	V	v	[fau]
J	j	[jɔt]	(W)	(w)	[veː]
K	k	[kaː]	Ä	ä	[ɛː]
L	l	[ɛl]	Ö	ö	[øː]
M	m	[ɛm]	Õ	õ	[ɤ]³⁾
N	n	[ɛn]	Ü	ü	[yː]
O	o	[oː]	(X)	(x)	[iks]
P	p	[peː]	(Y)	(y)	[ypsilɔn]

* 괄호 안의 철자들은 외국인 이름과 외래어에서만 사용된다.

1) 우리말의 '쉬' 와 비슷한 발음이다.

2) 우리말의 '쥐' 와 비슷한 발음이다.

3) 우리말의 '으' 또는 '어' 와 비슷한 발음으로, 언어학적으로는 '후설비원순중모음' 이다.

■ 외래어 표기

　에스토니아어는 몇 가지 이점을 가진다. 첫 번째는 철자 그대로 발음되는 것이고, 두 번째는 아래 표와 같이 '국제적인 외래어' 표기가 비슷한 점이다.

영어	독일어	에스토니아어	한국어
alcohol	Alkohol	alkohol	알코올, 술
film	Film	film	필름
photographer	Fotograf	fotograaf	사진사, 카메라맨
hygiene	Hygiene-	hügieeni-	건강법, 위생학
article	artikel	artikkel	관사
information	Information	info	정보
cinema	Kino	kino	영화관
travel agency	Reisebüro	reisibüroo	여행사
theater	Theater	teater	극장, 공연(상연)
wine	Wein	vein	포도주

■ 방언

　에스토니아어는 모두 8개의 방언과 117개의 사투리가 있다. 적은 면적에 비해 방언이 많은 이유는 에스토니아의 농부들이 노예 신분과 부역에 얽매여 자유로운 이동이 불가능했고, 이들이 쓰던 언어가 지역적으로 고립되어 방언으로 고착되었기 때문이다.

주요 방언으로는 수도 탈린과 대다수 지역에서 사용되는 북에스토니아어, 타르투 지방 남쪽에서 사용되는 남에스토니아어 그리고 탈린의 동쪽에서 해안을 따라 경계도시인 나르바에서 사용되는 북동 해안어가 있다. 그러나 남에스토니아어에 귀속된 소수방언들은 거의 소멸 위기에 있다.

중부 에스토니아의 습지대는 북에스토니아어와 남에스토니아어가 서로 상이한 언어로 발전하게 하는 언어 경계가 되었다. 북에스토니아어는 탈린이 정치적 중심지였을 때에 그리고 남에스토니아어는 타르투가 첫 대학도시로 부각이 되었을 때 각각 중심언어의 역할을 하였다. 그러나 결국 북에스토니아어가 에스토니아의 표준어로 선택되었다.

02. 음운적 특징

    에스토니아어는 단어의 첫음절에 강세가 있으며, 독일어의 철자 및 발음(변모음 ä ö ü과 자음 등)을 따른다. 에스토니아어에서는 북유럽어처럼 모음의 역할이 아주 큰데, 에스토니아어의 46%가 모음이다.

    'a, o, u'에 움라우트가 있는 'ä, ö, ü'는 독일어의 철자를 따른 것으로 독일어와 같이 발음한다. 각각 '아+에', '오+에', '우+에'가 합쳐진 소리이다. 그리고 'o' 위에 물결모양이 있는 'õ'는 한국어에서는 '으'와 비슷하게 발음한다. 이런 소리를 내는 언어는 많지 않은데, '에스토니아어, 러시아어, 베트남어, 한국어'에서 나타난다.

    두 개의 같은 모음이 연접하면 장모음이 된다. 특히 울림 형태의 장모음 '우-우' (uu) 또는 '아-아' (aa) 등이 빈번하게 나타난다. 이런 모음들을 구별해서 발음하는 것은 어렵지만 뜻을 구별하는 데 중요하다.

    두 개의 상이한 모음이 연결된 이중모음(ae, au, ei, eu)이나 "vanaisa"(할아버지)와 같이 "vana"(늙은)과 "isa"(아버지)가 융합된 단어는 각각 따로 발음한다.

<단모음> 낱개의 모음은 항상 짧게 발음한다.

a	〔ㅏ〕	raha〔라하〕(돈)
e	〔ㅔ〕	elu〔에루〕(삶)
i	〔ㅣ〕	hind〔힌드〕(가격)
o	〔ㅗ〕	odav〔오다브〕(싸다)
u	〔ㅜ〕	turg〔투르그〕(시장)
ä	〔ㅐ〕	vähe〔배헤〕(싸다)
ö	〔ㅚ〕	köha〔쿼하〕(기침)
õ	〔ㅡ〕	Kõrge〔크르게〕(높은)
ü	〔ㅟ〕	süda〔쉬다〕(심장)

<장모음> 같은 모음이 연접하면 길게 발음한다.

aa	〔ㅏ:〕	maa〔마:〕(나라)
ee	〔ㅔ:〕	keema〔케:마〕(요리하다)
ii	〔ㅣ:〕	pliiats〔필리:아츠〕(연필)
oo	〔ㅗ:〕	kool〔코:올〕(학교)
uu	〔ㅜ:〕	suur〔수:르〕(크다)
ää	〔ㅐ:〕	käärid〔캐:리드〕(가위)
öö	〔ㅚ:〕	lööma〔뢰:마〕(치다)
õõ	〔ㅡ:〕	rõõm〔르:음〕(친구)
üü	〔ㅟ:〕	müür〔뮈:르〕(벽, 담)

그러나 세 개의 모음이 나란히 있을 때, 따로 발음해야 하는지 알아야 한다. 예를 들어 "riietus(옷, 의복)"는 "riije-tus"처럼 따로 발음하지만, 합성어가 아니다. "peaasi(주요한 일)"의 경우 "pea-asi"이지 "pe-aasi"로 발음해서는 안 된다.

〈이중모음〉 상이한 모음이 연접한 것은 각각의 음을 개별적으로 발음한다.

ae	〔ㅏ〕+〔ㅔ〕	laeve〔라에베〕(배)
au	〔ㅏ〕+〔ㅜ〕	laud〔라우드〕(탁자)
ei	〔ㅔ〕+〔ㅣ〕	leib〔레이브〕(빵)
eu	〔ㅔ〕+〔ㅜ〕	Euroopa〔에우로:파〕(유럽)

대부분의 자음은 독일어처럼 철자 그대로 발음된다. 에스토니아에서는 g와 k, b와 p, d와 t 사이에 차이가 거의 없다. 문자 g, b와 d는 단지 하나의 짧은 k, p 혹은 t를 나타내는 것이다. k, p와 t처럼 소리가 없고, 소리가 길지 않으며 간단한 것이다. 그리고 s는 항상 무성음인데, 몇몇의 단어에서〔예를 들어, isa[이사(아버지)〕 소리가 난다.

〈자음〉 자음은 대부분 철자 그대로 발음한다.

f (*외래어에서만 나타남)	〔ㅍ〕	foto〔포토〕(사진)
g (*약한〔ㅋ〕)	〔ㅋ〕	nuga〔누카〕(나이프, 칼)
h (*약한〔ㅎ〕, 강한〔ㅎ〕, 모음을 길게)	〔ㅎ〕	ehitis〔에히티스〕(건축물)
		koht〔코:흐트〕(장소)

j	〔ㅇ〕	jumal〔유말〕(신)
r (*혀끝소리)	〔ㄹ〕	raha〔라하〕(돈)
s (*무성음)	〔ㅅ〕	sageli〔사겔리〕(종종)
š (*약하게)	〔ㅅ〕	šokolaad〔쇼콜라:드〕(초콜릿)
ž (*강하게)	〔ㅈ〕	garaaž〔가라:쥐〕(차고)
		žilett〔질레트〕(안전면도날)
v	〔ㅂ〕	vesi〔베시〕(물)

　최근 모음화되어 발성 때 잘 드러나지 않는 'r'의 경우도 에스토 니아어에서는 분명하게 발음된다. 모음 외에 자음도 길이에 따른 의 미 변화를 보여주고 있는데, 그 길이는 각각 3단계를 이루고 있다.

1단계	lina	천, 포
2단계	linna	천의
3단계	linnna	천으로

　악센트는 일반적으로 단어의 첫음절에 오지만 외래어나 차용어 의 경우에는 대부분 본래 고유의 악센트를 유지한다. 왜냐하면 대부 분 외래어가 원래대로 발음되기 때문이다.
　표기에서는 존칭, 고유명사, 지명 그리고 문장의 첫 글자를 쓸 때 대문자로 쓴다. 다른 것은 모두 소문자로 쓴다.

03. 통사적 특징

    에스토니아어는 의미를 가진 요소가 계속 첨가하여 단어를 만드는 교착어에 속하며, 형태, 통사론적으로 우랄언어의 몇 가지 특징을 보인다.

■ 명사

    명사의 성(性) 구별 표시가 없고 어휘 범주인 명사나 동사 등의 주요 품사에서 어형 변화가 다채롭다. 어형 변화는 핀란드 문법과 유사하게 어간에 각각의 음절을 첨부하는 형식이며, 모두 약 14가지 격변화를 한다. 이 격조사들은 각각 고유의 형태소를 가지고 있다는 점에서 한국어와 유사하다. 그러나 전형적인 4격 목적격인 대격(Akkusativ)이 존재하지 않으며, 그 기능을 주격, 소유격, 부분격(Partitiv)들이 대신한다는 점이 특이하다.

■ 동사

에스토니아어에서 동사는 화법, 시제, 성 인칭과 수의 형태적 자질이 각각 독립적으로 문법적인 범주를 갖고 있으며, 인칭과 수에 따라 변한다.

sööma (먹다)	
단수	복수
ma(=mina) söön 나는 먹는다	me(=meie) sööme 우리는 먹는다
sa(=sina) sööd 너는 먹는다	te(=teie) sööte 너희들은 먹는다
ta(=tema) sööb 그/그녀/그것은 먹는다	nad(=nemad) söövad 그들은 먹는다

■ 부정형

에스토니아어의 부정형(ei, ei ole)은 핀란드어와 유사한 모습을 보이지만, 부정형 동사가 동사 변화를 하지 않는다는 점에서 다르다. 오히려 독일어의 nicht나 영어의 not과 같은 고정형의 부정어와 유사하다.

mina ei / ei ole mänginud.
나는   아니   놀다. (나는 놀지 않는다.)

또 다른 부정형인 mitte는 대조를 표현하기 위한 접속사로 사용되는데, 명령문에서는 술어 없이 서두에 자주 나타난다.

a. Allan on tööl, mitte kodus (알란은 일을 하지, 집에 없다)

b. Mitte nii kõvasti (그렇게 힘들게 하지 마라)

■ 중요한 관용구

jah. 네.

ei. 아니요.

Palun… 제발, ~아/어 주세요.

Tänan. 감사합니다!

Pole tänu väärt! 괜찮아요.

Tere! 안녕하세요.(낮)

Tere õhtust! 안녕하세요.(저녁)

Head ööd! 안녕히 주무세요.

Head reisi! 좋은 여행 되세요.

Tere tulemast! 어서오세요.

Kuidas käsi käib? 어떻게 지내요?

Tänan, hästi. 잘 지내요. 좋아요.

Nägemiseni! 다음에 다시 봅시다!

Hei! 안녕!

Head aega! 안녕!(헤어질 때)

Hüvasti! 잘 해!

Kõlke head! 다 잘 될 거야!

Ma ei tea. 몰라요.

Head isu! 즐거운 식사!

Terviseks! / Proosit! 건배!

Palun arvet. 계산서 주세요.

Vabandust! 실례합니다.

Andke andeks! 용서해주세요.

Pole viga. 좋아요.

Palun, aidake mind! 도와주세요.

04. 기본 표현 익히기

■ 인사하기

Tänan, hästi.

Tere! Kuidas käsi käib?

만날 때

Tere!	안녕하세요!
Tere hommikust!	안녕하세요!(아침인사)
Tere päevast!	안녕하세요!(낮인사)
Tere õhtust!	안녕하세요!(저녁인사)
Tere tulemast	어서 오십시오.
Kuidas käsi käib?	어떻게 지내니(지내십니까)?
Tänan, hästi.	고마워(요), 잘 지내(요).
Käib kah. Homseni!	별일 없어요.

헤어질 때

Head ööd!	안녕히 주무세요!
Nägemiseni!	또 만납시다!
Head aega!	안녕!
Hüvasti!	안녕!
Homseni!	내일 봅시다!

■ 부탁하기

Palun,
rääkige aeglasemalt!

#$%$#T$

표현

Palun, rääkige aeglasemalt!	좀 더 천천히 말씀해주세요!
Palun, öelge mulle…!	나에게 …(을/를) 이야기해주세요!
Palun, võtke veel natuke teed!	차를 좀 더 드세요!
Palun, istuge!	앉으세요!
Palun, istu!	앉아!
Palun.	천만에요, 괜찮습니다.
Pole tänu väärt.	별 말씀을.
Kuidas, palun?	뭐라고 말씀하셨습니까?

* 상대방의 말을 이해하지 못했을 경우

kohv 커피

vein 와인

leiba 빵

요청(-해주세요!) 및 허락(-하세요!)을
표현할 때 문두에 'palun' 을 쓴다.

■ 감사하기

Tänan.	감사합니다. / 고맙습니다.
Tänan, ei.	고맙습니다만, 됐습니다.
Suur tänu.	정말 감사합니다.
Aitäh kohvi eest!	커피 감사합니다.
Aitäh abi eest!	도와주셔서 감사합니다.

tänan -(3격) esst⋯ ⋯에 대해 -(3격)에게 감사하다

■ 소망하기

Kõike head!	행운을 빕니다!
Häid pühi!	즐거운 축제되세요!(부활절/크리스마스)
Head uut aastat!	새해 복 많이 받으세요!(새해)
Soovin sulle…(3격)/	네가 …기를 바라.
Soovin Teile…(3격)	당신이 …기를 바랍니다.

palju õnne 행운

edu 성공

tervist 건강

■ 사과하기

Palun vabandust!	실례합니다!
Vabandage!	죄송합니다!

부탁을 할 때나 상대방의
주의를 끌 때도 사용한다.

■ 동의/반대하기

동의하기

Jah.	네.
Hea küll!	좋아요!
Pärl!	알겠습니다. 좋습니다.
Hea meelega!	그래요!
Muidugi!	당연합니다! 물론입니다!
Tore!	아주 좋습니다!

반대하기

Ei.	아니요.
Palun mitte.	아닙니다.
Tänan, ei.	고맙습니다만, 됐습니다.
Ei taha.	…고 싶지 않습니다.
Kahjuks mitte.	유감스럽지만, 됐습니다.
Ma ei viitsi.	관심 없습니다.

■ 생각/평가하기

A : Kas tõesti?   정말입니까?

    Ei või olla!   그럴(사실일) 리가 없습니다.

B : Tõepoolest?   정말입니다.

A : Olete kindel?   확신합니까?

B : Selge see.   확실합니다.

    Ma arven küll.   나는 확실히 그렇게 생각합니다.

    Ma ei ole päris kindel.   나는 전혀 그렇게 생각하지 않습니다.

A : On see võimalik?   이것이 가능합니까?

B : Muidugi!   물론입니다.

    Võib olla.   그럴 것입니다.

    Muidugi mitte!   물론 아닙니다!

    Ilmselt mitte.   아마도 아닐 것입니다.

A : See on lihtsalt jube.   이거 아주 놀랍군요.

B : Minu meelest mitte.   나는 그렇게 생각하지 않습니다.

A : See on väga meeldiv.   이거 정말 멋지군요.

B : Ma arvan teisiti.   나는 다르게 생각합니다.

Oh, kui kena!   아, 친절하시군요!

Teil on õigus.   당신 말이 맞습니다.

Teil pole õigus   당신 말은 옳지 않습니다.

See pole tõsi.   그것은 맞지 않습니다.

Tõsi.   맞습니다.

Osa III
에스토니아어 표현 익히기

kuidas seda nimetatakse eesti?

Õppetükk 01

Ma tulen Korea (나는 한국에서 왔습니다)

A : Tere! Kust Te pärit olete?   안녕하세요. 어디에서 오셨습니까?

B : Ma tulen Austriast.   나는 오스트리아에서 왔습니다.

A : Kas ma saan Teid aidata?   도와드릴까요?

B : Tänan, meeleldi.   네, 고맙습니다.

대화 ②

A : Te räägite hästi eesti keelt.   당신은 에스토니아어를 잘 하시는군요.

B : Natuke.   조금 합니다.

어휘 – 나라와 언어

Austriast 오스트리아로부터   eesti keelt 에스토니아어

Berlinist 베를린으로부터   inglise keelt 영어

Hollandist 네덜란드로부터   prantsuse keelt 프랑스어

Saksamaalt 독일로부터   saksa keelt 독일어

Šveitsist 스위스로부터   vene keelt 러시아어

대화 ③

A : Kuidas Teie nimi on?   당신의 이름은 무엇입니까?

 /Kuidas sinu nimi on?   /넌 이름이 뭐니?

B : Mu nimi on Mati.   나는 마티(Mati)라고 합니다.

A : Kuhu Te tahate minna?　　　　어디로 가십니까?

B : Ma lähen Tallinna.　　　　　나는 탈린으로 갑니다.

A : Mis Te teete siin?　　　　　여기서 뭐 하십니까?

B : Ma olen puhkusel.　　　　　휴가 중입니다.

　/Ma olen kommandeeringus.　/출장 중입니다.

A : Kui kauaks Te siia jääte?　　얼마 동안 머무르십니까?

B : Ma jään kaheks nädalaks.　　2주 동안 머무를 겁니다.

A : Kui vana Te olete?　　　　　당신은 몇 살입니까?

　/Kui vana sa oled?　　　　　/너는 몇 살이니?

B : Ma olen kakskümmend kaheksa. 나는 스물여덟 살입니다.

A : Kas Te olete abielus?　　　　결혼하셨습니까?

B : Ei, ma olen kihlatud.　　　　아니요, 약혼했습니다.

A : Kas Teil on lapsi?　　　　　아이는 있습니까?

B : Mul on poeg / tütar.　　　　아들 / 딸이 한 명 있습니다.

A : Mis tööd Te teete?　　　　　무슨 일을 하십니까?

　/Mis tööd sa teed?　　　　　/무슨 일을 하니?

B : Ma olen arst.　　　　　　　나는 의사입니다.

어휘 – 직업

ametnik 공무원, 사원

insener 기술자

mänedžher 관리자

õde 간호사

õpilane 학생

teadlane 과학자

tööline 노동자

žurnalist 기자

arst 의사

koduperenaine 주부

müüja(nna) (여)상인

õpetaja(nna) (여)선생님

talunik 농부

tõlk 통역가

üliõpilane 대학생

대화 ④

A : Kas saame jälle kokku?   우리 다시 만날까요?

　/Millal me kokku saame?   /우리 언제 만날까요?

B : Homme.   내일 만납시다.

　(Teisipäeval. / Tuleval nädalal.) (화요일에 / 다음 주에)

Kus on hotell? (호텔이 어디에 있습니까?)

대화 ①

A : Vabandage, kus on hotell?　실례합니다, 호텔이 어디에
　　　　　　　　　　　　　　　있습니까?

B : Seal.　저기 있습니다.

A : Kuhu Te tahate minna?　어디로 가십니까?

B : Ma lähen Tallinnasse.　나는 탈린으로 갑니다.

어휘 – 장소

asutus 관청

kirik 교회

kool 학교

maantee 국도

muuseum 박물관

puiestee 가로수 길

raekoda 시청

supelrand 해수욕장

tänav 거리

torn 탑

ülikool 고등학교, 대학교

büroo 사무실

rahavahetus-koht 환전소

linnamüür 성벽

mälestussammas 기념물

park 공원

raamatukogu 도서관

restoran 레스토랑

surnuaed 묘지

tee 길

turg 시장

❖ 중요 표현 – 길 묻기

> # Kus on ··· ? (···이/가 어디에 있습니까?)
>
> | | |
> |---|---|
> | Kus on hotell? | 호텔이 어디에 있습니까? |
> | Kus on takso? | 택시가 어디에 있습니까? |
> | Kus on post? | 우체국이 어디에 있습니까? |

연습 하기	A : **Kus on** <u>apteek</u>? B : <u>Paremal on.</u>

apteek 약국	raudteejaam 역
pank 은행	kämping 야영장소
konsulaat 변호사	haigla 병원
motell 모텔	politsei 경찰
restoran 레스토랑	telefon 전화
tualett 화장실	töökoda 작업장

siin 여기	seal 저기
paremal 오른쪽	vasakul 왼쪽
otse(teed) 똑바로, 곧장	valgusfoor 교통신호등
edasi 계속	siia 여기서부터
sinna 저기로	paremale 오른쪽으로
vasakule 왼쪽으로	tagasi 뒤로
risttee 교차(교차로)	

54

Õppetükk 03

Kas sinna sõidab buss? (여기에서 버스가 출발합니까?)

■ 버스타기

Kust kohast läheb buss Piritale?

Vasakul on.

대화 ①

A : Mis tramm läheb Kadriorgu?　A : 어느 시가전차가 카드리오르그(Kadriorg) 공원으로 갑니까?

B : Tramm number üks ja kolm.   B : 시가전차 1번과 3번이 갑니다.

표현

Kas siin sõidab buss?	여기에서 버스가 출발합니까?
Kust kohast läheb buss Piritale?	피리타(pirita) 해변으로 가는 버스는 어디에서 출발합니까?
Millisest peatusest buss väljub?	버스가 어느 정류장에서 출발합니까?
Kas Te väljute?	당신도 내리십니까?
Öelge mulle, palun, millal ma pean väljima?	내가 언제 내려야하는지 가르쳐주시겠습니까?
Kust saab osta (bussi / trammi) piletit?	(버스 / 시가전차)승차권이 어디에 있습니까?

어휘

bussijaam / bussipeatus 버스정류장

troll 무궤도 전기버스(트롤리버스)

buss 버스

tramm 시가전차(트램)

ekspressbus 특급버스

고속버스와 특급버스를 제외한 버스는 작은 마을에도 정차한다. 고속버스는 더 큰 장소에만 정차하며, 특급버스는 출발지와 도착지 사이 중간에 정차하지 않고 달린다. 승차권은 지정 예매권 판매소인 버스정류장 또는 운전기사로부터 직접 구입할 수 있다.

■ 기차타기

Palun, üks pilet
Pärnu.

표현

Palun, üks pilet Pärnusse.	페르누(Pärnu)행 열차표 하나 주십시오.
Edasi ja tagasi.	왕복으로 주십시오.
Kuhu Te tahate minna?	어디로 가십니까?
■ Millal läheb rong Haapsallu?	합살루(Haapsallu)행 열차가 언제 출발합니까?

Kas ma pean ümber istuma?	환승해야 합니까?
Millal jõuab rong Tartusse?	열차가 타르투(Tartu)에 언제 도착합니까?
Milliselt perroonilt rong väljub?	어느 역에서 열차가 출발합니까?

어휘

ärasõit-saabumine 출발-도착	informatsioon, teated 정보, 알림
kiirrong 고속열차	linnalähirong 단거리열차
magamisvagun 침대차	pagas 수하물
pakihoid 수하물 보관	peatus 정류장
perroon 플랫폼	piletikassa 매표소
piletite müük 차표판매	restoranvagun 식당차
sõidupilet 기차표	sõiduplaan 시간표

기차표는 기차역의 매표소에서 구입 가능하
며, 단거리 열차의 경우 열차 안에서도 구입
가능하다. 몇몇 열차(Rakvere, Toila 등
Haapsallu로 가는 연결편)는 승객이 아주
적을 경우 운행을 하지 않는다.

■ 택시타기

표현

Kas olete vaba?	빈 차입니까?
Kuhu?	어디로 가십니까?
Jaama, palun.	역까지 가주십시오.
Palun peatage.	세워주십시오.
Oodake siin	여기서 기다리십시오.
Mis see maksab?	얼마입니까?

takso 택시

marsruut-takso 노선이 있는 택시

taksopeatus 택시정류장

에스토니아에는 노선이 있는 택시가 있는데, 그것은 번호가 있는 미니버스로 대략 10명을 수용할 수 있다. 지정 구간을 달리는데, 어디에서나 승·하차할 수 있다. 요금은 버스보다 좀 더 비싸지만, 일반택시보다는 저렴하며 밤에도 운행한다.

■ 자동차타기

표현

Kuidas ma saan Tartusse?	타르투(Tartu)에 어떻게 갑니까?
Kui kaugel see on?	얼마나 멉니까?
Näidake palun kaardilt.	카드를 보여주십시오.
Alguses pöörake vasakule, siis paremale, siis otse.	먼저 왼쪽으로 가세요, 그 다음 오른쪽으로 가세요, 그 다음 곧바로 가세요.
Valgusfoori juures pöörake paremale.	신호등에서 오른쪽으로 가세요.
Pöörake ümber!	도세요!
Sõitke edasi!	더 갑시다!
Sõitke tagasi!	돌아갑시다!

어휘

edasi 더 멀리

kõnnitee 보도

maantee 국도, 지방도로

paremale 오른쪽으로

risttee 횡단보도

sõidutee 차도

tänav 거리

valgusfoor 교통 신호등

kaart 표

linnaplaan 지도

otse 곧바로

parkla 공원

sõitma 가다

tagasi 되돌아

ümbersõit 우회도로

vasakule 왼쪽으로

에스토니아에서는 자동차 전용 고속 도로가 많지도, 충분하지도 않다. 국 도의 여건도 그다지 좋지 않아서 추월 하는 것은 위험하다.

■ 주유하기/수리하기

표현

Kus on lähim bensiinijaam?	가장 가까운 주유소가 어디입니까?
Kus on lähim autoteendindus?	가장 가까운 자동차정비소가 어디입니까?
Auto on katki.	자동차가 고장 났습니다.

Miski on korrast ära.	무언가 잘못되었습니다.
Vaadake, palun, mis autol viga on.	(자동차의) 어디가 잘못되었는지 봐주십시오.
Tagumise ratta kumm on katki.	뒤 타이어가 고장 났습니다.
Aku on läbi.	배터리가 방전되었습니다.
Palun, võtke mind sleppi.	견인해주십시오.
Kui palju ma võlgnen?	얼마입니까?
Millal ma võin järele tulla?	언제 자동차 수리가 끝납니까?

표지판

Kuri koer!	개조심!
Stopp!	멈추시오!
Sissepääs keelatud!	출입금지!
Väljasõit keelatud!	출차금지!
Parkimine keelatud!	주차금지!
Ettevaatust!	주의!
Mürk!	독 있음!
Kasutamiskõlbmatu!	먹지 마시오!
⋯ei tööta!	⋯자리 비움
Lõuna	점심시간
Hädapidur	비상용 브레이크
Eluohtlik!	생명위험!
Mitte puudutada!	접촉금지!

■ 배타기

Millal läheb laev Helsingisse?	헬싱기(Helsingi)로 가는 배가 언제 출발합니까?
Ma tahaksin laevaga sõita.	나는 배를 타고 가고 싶습니다.
Kui kaua see sõit kestab?	이 여정은 얼마나 걸립니까?
Kust kohast läheb laev Kieli?	킬(Kiel)로 가는 배가 어디에서 출항합니까?
Ma palun kajutit.	선실을 예약해주십시오.

kai 부두   kajut 선실

kruiis 크루저(영어로 "cruise")   majakas 등대

päästerõngas 구명튜브   päästevest 구명조끼

sadam 항구   tekk 갑판

tekikoht 갑판장

배는 정기 운항편으로 헬싱기, 스톡홀름, 로스톡으로 운행된다. Hiiumaa와 Saaremaa 이외에도 Aegna, Abruka, Vormsi, Kihnu와 같이 작은 섬으로 가는 예약 가능한 연결편이 있다.

■ 비행기타기

표현

Kust kohast läheb buss lennujaama?	공항으로 가는 버스가 어디서 출발합니까?
Lennuk Helsingisse väljub kell on kolm.	헬싱기(Helsingi)로 가는 비행기는 3시에 출발합니다.(안내방송)
On alanud registreerimine lennule number kaks Tallinn-Stockholm.	탈린-스톡홀름(Tallinn-Stockholm) 항공기 수속이 2번에서 시작되었습니다.

❖ 중요 표현 – 교통편 묻기

Kas siin sõidab …?

(여기에서 … 이/가 출발합니까?)

Kas siina sõidab buss?　　여기에서 버스가 출발합니까?

연습 하기	A : **Kas siina sõidab** <u>tramm</u>? B : **Jah.**

tramm 도시철도

troll 버스

Õppetükk 04
Kas(Teil) on vaba tuba? (빈 방이 있습니까?)

Kui kauaks Te jääte?

Ma jään kaheks ööpäevaks näädalaks.

■ 호텔에서

대화

Kui kauaks Te jääte?	얼마 동안 머무르시겠습니까?
Ma jään kaheks ööpäevaks(üheks) nädalaks.	나는 2일 동안(일주일 동안) 머무를 겁니다.

Kus ma saan ööbida?	어디서 묵을 수 있을까요?
Kas(Teil) on vaba tuba?	빈 방 있습니까?
Mis maksab üks ööpäev?	하룻밤에 얼마입니까?
Üks tuba kahele, palun.	침대가 두 개 있는 방을 주십시오.
Mul on veel raadiot vaja	나는 단지 라디오가 필요합니다.

어휘

dušš 샤워시설	esimene korrus 1층
lift 엘리베이터	käterätikut 수건
patja 베개	raadiot 라디오
teine korrus 2층	tekki 이불
televiisorit 텔레비전	toavõtit 방열쇠
tualettpaberit 화장지	vannituba 욕실
sõiduplaani 운행표	linnaplaani 시가지도
tuba 방	

■ 캠핑장에서

표현

Kas seal pesta saab?	그곳에서 씻어도 됩니까?

Sooja vett ei ole.	따뜻한 물이 없습니다.
Kas kämping on valvatud?	야영지가 안전합니까?
Kas siin tohib nädal, aega telkida?	일주일 동안 야영이 가능합니까?

Privaateravaldus 사유지	Telkimine keelatud 야영금지
Tuleohtik! 화재주의!	

■ 초대하기

표현

Kas Te tuleksite meile külla?	우리 집을 방문해주시겠습니까?
Meelsasti.	좋습니다.
Kas ma tohin Teile tulla?	당신을 초대해도 괜찮겠습니까?
Kas Te jääte meile ööseks?	우리 집에서 하룻밤 주무시겠습니까?
Jah, kui tohib.	네, 허락해주신다면.

개인적으로 초대를 받았다면, 작은 선물을 준비하는 것이 좋다. 에스토니아 사람들은 꽃을 매우 좋아하는데, 특히 에스토니아 국화인 "달구지국화"를 좋아한다. 커피 또는 와인도 좋은 선물이며, 아이들은 단 과자류를 좋아한다.

Õppetükk **05**

Mida Te täna pakute? (오늘의 추천 메뉴가 무엇입니까?)

■ 식당에서

> Mida Te täna
> pakute?

대화

A : Kas Teil on kohti?　　　　빈자리가 있습니까?

B : Vabu kohti ei ole.　　　　빈자리가 없습니다.

A : Kas siin on vaba?　　　　이 자리가 비었습니까?

B : Ei, see koht on kinni.　　아니요, 자리가 있습니다.

A : Kuidas maitses?	맛이 어땠습니까?
B : Tänan, oli väga maitsev.	고맙습니다, 정말 맛있었습니다.
Palun arvet.	계산서 좀 주십시오.

Meid on kolm.	우리는 세 명입니다.
Kas saame siin lõunat süüa?	여기서 점심식사 가능합니까?
Mida Te täna pakute?	오늘의 추천음식이 무엇입니까?
Palun, andke mulle söögikaart / menüü.	차림표 / 메뉴판 좀 주십시오.
Palun, kaks seljankat.	수프 두 그릇 주십시오.
Palun, veelkord sedasama.	똑같은 것 하나 더 주십시오.

baar 바	kohvik 커피숍
õllesaal 맥주홀, 선술집	restoran 식당
söökla, bistroo 셀프서비스 바	

söökla는 특별한 것은 없지만, 가격이 저렴하여 비교적 괜찮다. 하지만 술은 마실 수 없다. 한편, 에스토니아에서는 평상복 차림으로 커피숍과 식당을 갈 수 있지만, 저녁에는 "차려입고" 가는 것이 좋다. 남자의 경우 적어도 넥타이와 카라가 있는 셔츠를 입고, 여자의 경우 평상시에 입는 바지 차림을 해서는 안 된다.

■ 가정에서

대화

A : Kuidas maitseb?　　　　　맛이 어떻습니까?

B : Maitseb väga hästi.　　　　맛이 아주 좋습니다.

A : Võta / võtke veel!　　　　 더 먹어 / 더 드십시오.

B : Aitäh, atab.　　　　　　　고맙습니다, 충분합니다.

　　Tänan, mu kõht on täis.　 고맙습니다, 배부릅니다.

표현

Tulge sööma!　　　　　　식사합시다.

Head isu!　　　　　　　 맛있게 드십시오.

Altäh söögi eest!　　　　 식사에 초대해주셔서 고맙습니다.

어휘

hommikusöök 아침식사

lõunasöök 점심식사

õhtusöök 저녁식사

에스토니아 가정 음식

kamajahu	구운 곡식과 구은 콩으로 만든 밀가루
kissell	맥주 · 포도주 · 과실 따위로 만든 북부 독일의 차가운 수프와 비슷한 과일수프로 따뜻하게 해서 먹어도 된다.
korp	발효된 밀가루반죽으로 만들어지는 달콤한 치즈 피로시키(러시아식 파이의 일종)
mulgikapsas	정맥을 넣은 (발효시킨) 소금에 절인 양배추
pirukad	피로시키(잘게 썬 돼지고기, 양배추, 단 것 등과 같은 사랑받는 속으로 채워진 밀가루반죽 피)
seapraad	부용(쇠고기와 돼지고기 등의 맑은 수프)
soolasilk	구운 돼지고기
soolatud	소금을 친 작은 북해산 청어
sealiha	소금을 친 돼지고기
sült	헤드치즈

사람들은 영양이 풍부한 아침식사를 하는데, 대체로 빵, 버터, 치즈, 소세지, 잼, 커피와 부가적으로 죽(puder) 또는 귀리죽(kaerapuder)을 먹는다. 점심식사는 따뜻한 음식으로 빵과 알코올이 함유되지 않은 음료를 함께 마신다. 때때로 따뜻한 점심식사를 늦게 하기도 하는데, 이때 저녁식사는 21~23시 사이에 비교적 가볍게 한다.

■ 음료마시기

A : Mida Teie tahate?　　　무엇을 마시겠습니까?

B : Ma joon maarohuteed.　　나는 허브차를 마시겠습니다.

A : Kas tohib Teile tass kohvi　커피 한 잔 드시겠습니까?
　　pakkuda?

B : Jah, tänan väga.　　　네, 고맙습니다.

A : Kas Te joote koore ja　　크림과 설탕을 넣으시겠습니까?
　　suhkurga?

B : Ei, ma joon musta kohvi.　아니요, 블랙커피 마시겠습니다.

A : Kas võtame veel ühe pitsi?　한 잔 더 하시겠습니까?

B : Jah, aga las mina maksan.　네, 제가 계산하겠습니다.

　　Ma olen natuke vintis.　　나는 조금 취했습니다.

Kas te soovite veel tass kohvi?　커피 한 잔 더 하시겠습니까?

Terviseks! Proosit!　　　　건강을 위하여! 건배!

jäävesi 탄산이 없는 얼음물

klaas 유리잔

koor (커피)크림

lusikas 차스푼

midagi juua 무엇을 마시다.

mineraalvesi 광천수

õlu 맥주

pits 작은 물병

tass 커피잔

teed (마시는) 차

kann 캔

kohv 커피

limonaad 레모네이드

maarohutee 허브차

midagi süüa 무엇을 먹다

morss, mahl 과일주스

vein 와인

suhkur 설탕

tee 홍차

Õppetükk 06

Mis see maksab? (이것은 얼마입니까?)

Mis see maksab?

See teeb kokku kaksteist euro.

■ 백화점에서

표현

Mis Te soovite?	무엇을 원하십니까?

Mis see maksab?	이것은 얼마입니까?
See on liiga kallis.	이것은 너무 비쌉니다.
Kas muud ei ole?	다른 것을 좀 보여주십시오.
Näidake seda.	여기 이것을 좀 보여주십시오.
Kas Teil on väiksemat/ suuremat numbrit?	더 작은 / 더 큰 것이 있습니까?
Kus saab selga proovida?	어디서 입어볼 수 있습니까?
Kas see on kõik?	이것이 전부입니까?
Tänan, see on kõik.	고맙습니다, 이것이 전부입니다.
Nendest palun kolm tükki.	이 중에서 세 조각 주십시오.
Palun pakkige see ära.	포장해주십시오.

어휘

ajalehed-ajakirjad 신문-정기간행물

elektriarbed 전자제품

jalatsid 시발

kellad 시계

Kirjatarbed 문방구

laste-··· 아동-···

liha, vorst 고기, 소시지

lillekauplus 꽃가게

meeste-··· 남성-···

···-osakond ···-분야

ehted 보석류

heliplaadid 음반

kangad 재료

käsi 뜨개질(공예)

konditritooted 제과점

leib, sai 제과점

lilled 꽃

majapidamistarbed 가정제품

naiste-··· 여성-···

parfümeeria 식료품점

pesu 목욕용품점

portselan 도자기

pudukaubad, galanterii 제봉용품

raamatud 서점

rõivad 의복

sporditarbed 스포츠용품점

suveniirid, meened 기념품점

toidukaubad 생필품

tööriistad 공구

■ 시장에서

대화 ①

A : Mida Te soovite?　　　　무엇을 원하십니까?

B : Palun kaks kilo kartuleid.　감자 2킬로그램 주십시오.

A : Mida veel?　　　　더 필요하신 건 없으십니까?

B : Ja lisaks üks klaas vaarikaid.　나무딸기주스도 한 잔 주십시오.

　Ei midagi, tänan.　　고맙습니다만, 됐습니다.

대화 ②

A : Mis see maksab?　　　이것은 얼마입니까?

B : See teeb kokku kaksteist　이것은 12유로입니다.
　euro.

A : See on liiga kallis.　　너무 비쌉니다.

　Võtan selle, aga natuke　이것을 사겠습니다, 그런데
　odavamalt.　　　좀 더 싸게 해주십시오.

어휘 ① 유제품 & 계란

hapupiim 요구르트

jäätis 얼음

juust 치즈

keefir 발효유

kohvikoor 커피크림

manad 계란

piim 우유

vahukoor 휘핑

hapukoor 산패유
(유산으로 산화시킨 크림)

kohupiim 쿠아르크
(독일산 저지방 치즈)

kohuke 달콤한 쿠아르크

pett 탈지우유

rôôsk koor 달콤한 크림

vôi 버터

어휘 ② 야채와 과일

kaalikad 순무

kurgid 오이

küüslauk 마늘

maasikad 딸기

ôunad 사과

pirnid 배

ploomid 마른 자두

redised 홍당무

sibulad 양파

tomatid 토마토

kapsas 양배추

kartulid 감자

lillkapsas 꽃양배추

mustikad 월귤나무열매

peet 근대뿌리

porgandid 당근

pohlad 덩굴월귤열매

salat 샐러드

sidrunid 레몬

vaarikad 나무딸기

어휘 ③ 고기 & 소시지

hakkliha 민스미트(건포도 · 설탕 · 사과 · 향료 등과 잘게 다진
고기를 섞어 만든 것으로 만듦)

kanaliha 닭고기   lambaliha 양고기

liha - loomaliha 고기 - 쇠고기   sealiha 돼지고기

viinerid 비엔나소시지(소 · 돼지고기를 섞어서 넣은 기다란 소시지)

vorst - sink 소시지 - 햄

어휘 ④ 생선

ahven 배스(농어의 일종)   forell 송어

haug 창꼬치   heeringas 청어

kilu 청어무리의 잔 물고기   koha 가시고기

lest 가자밋과와 넙칫과의 물고기류   lõhe 연어

makrell 고등어   räim 작은 청어

tursk 대구

어휘 ⑤ 곡물

jahu 밀가루   makaronid 마카로니

nuudlid 면   riis 쌀

어휘 ⑥ 빵 & 케이크

kook 케이크   küpsised 비스킷

pirukas 피로시키(러시아식 파이의 일종)

rukkileib 호밀로 만든 흑빵   saiakesed 브레첸(독일식 빵)

sai 흰빵(정백분으로 만든 것)   sepik 흑빵

tort teraleib 토르테(밀가루에 계란·호두·과일 등을 넣어 구운 과자)

vormileib 상자 모양의 빵

어휘 ⑦ 채소 & 조미료

köömen 캐러웨이   majoraan 마요라나
(회향풀의 일종)   (꿀풀과의 식물)

murulauk 골파   must pipar 강한 후추

petersell 파슬리   rosmariin 로즈메리

sinep 머스타드   sool 소금

suhkur 설탕   till 딜(미나릿과의 식물)

tüümian 백리향(광대나물과)   valge pipar 흰 후추

❖ 에스토니아 기념품 가게 ❖

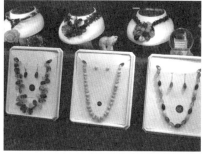

에스토니아의 기념품은 대체로 높은 예술성과 실용성을 가지고 있다. 예를 들어, 가죽공예(돈지갑, 서류가방, 북커버)와 목공예 및 순양모를 이용해서 손으로 짠 스웨터, 재킷, 양말 등이 있다.

❖ 중요 표현 – 물건 구입하기

Ma tahan ⋯ (나는 ⋯ 고 싶다/원하다)

Mis maksab ⋯? (⋯은/는 얼마입니까?)

<table>
<tr><td rowspan="2">연습
하기</td><td>A : Mis Te soovite?</td></tr>
<tr><td>B : Ma tahan <u>sõidupiletit</u>.

A : Mis maksab <u>maksab</u>?
B : See teeb kokku kaksteist krooni.</td></tr>
</table>

leiba 빵   õlu 맥주

kirjamarki 우표   tuba 방

Ma tahaksin raha vahetada (환전하고 싶습니다)

■ 은행에서

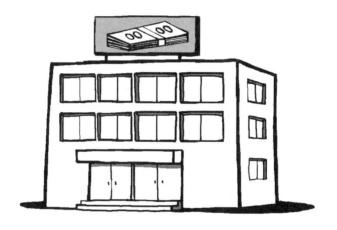

표현

Ma tahaksin raha vahetada.	나는 환전하고 싶습니다.
Mis kurss praegu kehtib?	환전절차가 어떻습니까?
Kas Teil on peenraha?	잔돈 있습니까?
Kas saate vahetada?	교환할 수 있습니까?

■ 우체국에서

표현

Post on avatud / suletud.	우체국은 문을 열었습니다. / 문을 닫았습니다.
Kas saab osta kirjamarke?	우표를 어디서 살 수 있습니까?
Mis maksab kiri Saksamaale?	독일로 보내는 편지 한 통이 얼마입니까?

■ 경찰서에서

Mu rahakott / võti / paberid on kadunud.	나의 지갑 / 열쇠 / 신분증이 없어졌습니다.
Ma kaotasin isikutunnistuse.	신분증을 잃어버렸습니다.
Mult varastati kott / autovõtmed.	누군가 내 지갑 / 자동차 열쇠를 훔쳐갔습니다.
Palun täitke see blankett.	이 서식 용지를 작성해주십시오.

allkiri 서명

amet 직업

dokument 증서

elukoht 거주지

isikutunnistus 신분증

kuupäev 날짜

maa 주

pass 여권

rahvus 국적

sünnipäev, -kuu, -aasta
생일, -월, -년

töökoht 회사

aadress 주소

blankett 서식용지

ees-ja perekonnanimi 이름과 성

haridus 학교

kodakondsus 시민

luba 허가

neiupõlvenimi 성(여성의 경우)

perekonnaseis 가족현황

sünnikoht 출생지

tänav 거리

tegevusala 직업

usk 지역

Õppetükk 08

Ma tahaksin tellida kõne Korea
(한국으로 전화연결을 하고 싶습니다)

표현

Mis on Austria indeks?	오스트리아 시외전화국번이 무엇입니까?
Ma tahaksin tellida kõne Austriasse.	오스트리아로 전화연결을 하고 싶습니다.

Mis maksab üks minut Berliini?   베를린(Berlin)으로 분당
                                   통화료가 얼마입니까?

Kus on lähim telefon?   가장 가까운 전화가 어디에
                                   있습니까?

Vale ühendus.   잘못 거셨습니다.

어휘

helistama 전화하다   kaugvalimiskood 시외전화국번

kaugejaam 전화교환국   kõne 담화, 이야기

telefoniautomaat 공중전화   teated 안내소

telefon 전화   telefoninumber 전화번호

telefoniraamat 전화번호부

Õppetükk 09

Kas tohib siin pildistada?
(여기서 사진을 찍어도 됩니까?)

표현

Kas ma tohin Teid pildistada?	사진 찍어드릴까요?
Kas tohib siin pildistada?	여기서 사진을 찍어도 됩니까?

diafilm 원거리필름

filmikaamera 필름카메라

fotoaparaat 사진기

must/vaige 어두운/밝은

pildistama 사진촬영을 하다

film 필름

filmima 촬영하다

ilmutama 현상하다

negatiiv (사진의)원판, 음화

värvifilm 컬러 필름

Õppetükk 10

Kus on siin tualett? (여기 화장실이 어디에 있습니까?)

어휘

käerätik 수건

"hind 50" "가격 50센트"

M(meestele) 남자용

seep 비누

tualettpaber 화장지

kinni 사용 중

N(naisteie) 여자용

maks 유료

tasuta 무료

vaba 비어 있음

화장실의 공식적인 용어는 두 가지다. WC와 tualett. 화장실은 대부분 돈을 내고 이용해야 하지만 아주 깨끗하다. 백화점, 영화관, 식당, 카페에도 있는데, 그곳의 손님일 경우에만 이용이 가능하다.

Õppetükk **11**

Ma olen külmetanud (감기에 걸렸습니다)

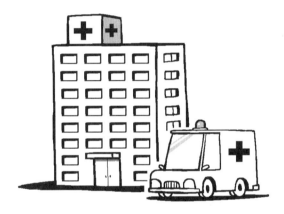

표현

Mul on süda paha.	토할 것 같습니다.
Ma olen külmetanud.	감기에 걸렸습니다.
Andke mulle palun midagi kurguvalu vastu.	인후통에 먹을 약 좀 주십시오.
Kolm korda päevas üks tablett.	하루에 세 번씩 알약 하나 드십시오.
Mul valutab kura	목이 아픕니다.

어휘

arstirohi 의약품

piaaster 반창고

salv 연고

tabletid 알약

vatt 솜

päraku-küünlad 좌약

preservatiiv 콘돔

side 붕대

tilgad 물방울

❖ 중요 표현 – 아픈 곳 말하기

> ### Mul on … (나는 … 가 아픕니다.)
>
> ### Teil on … (당신은 … 가 아프시군요.)

연습 하기	**Mu** <u>kõht</u> calutab. **Teil on** <u>kurguvalu</u>.

gripp 독감	köha 기침
hambavalu 치통	nohu 코감기
kõht lahti 설사	palavik 열
kõht 배	pea 머리
kura 목	selg 등
kõrv(ad) 귀	silm(ad) 눈
magu 위	süda 심장

Õppetükk 12

상대방의 말을 이해하지 못했을 경우

표현

Kas Te saate minust aru?	내 말을 이해하셨습니까?
Kas Te saate aru?	이해하셨습니까?
Ma ei saa aru.	나는 이해하지 못했습니다.
Ma saan / sain aru.	나는 이해합니다. / 이해했습니다.
Palun korrake!	다시 한 번 반복해주시겠습니까?
Palun kirjutage see üles.	이것을 적어두십시오.
Kuidas seda hääldatskse / kirjutatakse?	이것을 어떻게 말합니까? / 씁니까?
Kuidas seda nimetatakse eesti / saksa keeles?	이것은 에스토니아어로 / 독일어로 무엇이라고 합니까?
Kas räägib siin keegi saksa / inglise keelt?	여기 누구 독일어 / 영어 할 수 있습니까?
Rääkige palun aeglasemalt!	좀 더 천천히 말씀해주십시오!
Mida see sõna tähendab?	이 단어는 무엇을 의미합니까?
Kas mu hääldus on õige?	내 말이 맞습니까?

Osa IV
에스토니아어 문법 익히기

kuidas seda nimetatakse eesti?

Õppetükk 01 명사

1. 관사와 성

에스토니아어에는 정관사, 부정관사, 문법적인 성이 있다.

poiss 남성, tüdruk 중성, õpetaja 여성

● 2격 + -tar, -nna → 여성

친구	여자친구
sõber (sõbra)	sõbratar / sõbranna

● mees-(남성), nais-(여성) + N

선생		작가	
(남성)선생	(여성)선생	(남성)작가	(여성)작가
Meesõpetaja	naisõpetaja	meesluuletaja	naisluuletaja

2. 명사 만들기

동사에서 명사를 만든다.

● 동사의 어간 + -mine → 명사

동사	명사
lugema 읽다	lugemine 읽기
töötama 일하다	töötamine 일

3. 복수

● 2격 + -d, -de, -te → 복수

1격 단수	2격 단수	1격 복수
raamat 책	raamatu 책의	raamatud 책들
tuli 불, 화재	tule 화재의	tuled 화재들
mets 숲	metsa 숲의	metsad 숲들

* 몇몇 명사들은 처음부터 복수형으로 존재한다.

예) käärid 가위, prillid 안경, püksid 바지, sõõrmed 콧구멍

Õppetükk 02 지시대명사

지시대명사는 단수와 복수에서 각각 변화한다.

* ( ) 안의 내용은 2격을 표시한다.

단수	
see(selle) 이 (r, -s)	see mees 이 남자
too(tolle) 그 (r, -s)	see naine 이 여자
복수	
need(nende) 이것들	need mehed 이러한 남자들
nood(nonde) 그것들	need naised 이러한 여자들

Ôppetükk 03 형용사

단수에서는 특별한 어미변화가 없다.

복수에서는 명사와 함께 변화한다.

단수	복수
väike linn 작은 도시	väiksed linnad 작은 도시들

1. 중요한 형용사들

* (=)는 2격 단수와 일반적인 형용사가 동일하다는 표시이다.

hea(=) 좋다	paha(=) 나쁘다
suur(-e) 크다	väike(väikse) 작다
kõrge(=) 높다	madal(-a) 낮다
soe(sooja) 따뜻하다	külm(-a) 춥다
kallis(kalli) 비싸다	odav(-a) 싸다
valge(=) 밝다	pime(-da) 어둡다
magus(-a) 달다	hapu(=) 깨끗하다
vana(=) 낡다	noor(-e) 어리다, 새롭다

ilus(-a) 아름답다	inetu(=) 추한, 못생기다
pikk(pika) 길다	lühike(-se) 짧다
täis(täie) 가득차다	tühi(tühja) 비다
tark(targa) 영리하다	loll(lolli) 어리석다, 우둔하다
võõras(võõra) 낯설다	kena(=) 친절하다

2. 색깔

valge(=) 흰색	kollane(kollase) 노란색
punane(punase) 빨간색	sinine(sinise) 파란색
roheline(rohelise) 초록색	pruun(-i) 갈색
hall(-i) 회색	must(-a) 검은색
kuldne(kuldse) 금색	hõbedane(hõbedase) 은색
kirju(=) 알록달록, 다채로운 색	

Õppetükk 04   비교급과 최상급

● **형용사 단수 2격 + -m → 비교급**

원급 = 단수 1격	단수 2격	비교급
ilus (예쁜, 귀여운)	ilusa	ilusam
suur (큰)	suure	suurem

● ① **(2음절)의 형용사 단수 2격**   ← 2번째 음절에 -e를 넣는다.

　② **-a, -u로 끝나는 몇몇의 형용사**

원급	단수 2격	비교급
vana (낡은, 오래된, 나이 든)	vana	vanem
paks (두꺼운, 뚱뚱한)	paksu	paksem

● **비교급의 불규칙 형태**

원급	비교급
hea 좋은	parem 더 좋은
palju 많은	enam 더 많은

● 비교급의 격변화

비교급	단수	
noorem 더 젊은	단수 2격(-a)	noorema
	단수 3격(-at)	nooremat
	단수 4격(-asse)	nooremasse
	복수	
	복수 1격(-ad)	nooremad
	복수 3격(-aid)	nooremaid
	복수 4격(-atesse)	noorematesse
* 원급 : noor 젊은		

● **최상급의 격변화** : kõige + 비교급

● **동등** : nii - kui/ sama - kui (-처럼)

Isa on nii vana kui ema. 아버지는 어머니와 동갑이다.

● **비교** : - kui (-보다)

Ema on vanem kui isa. 어머니는 아버지보다 나이가 더 많다.

Õppetükk 05   인칭대명사

인칭 대명사는 지시대명사 "그것: see"과 바꿀 수 있다.

인칭대명사는 활용된 동사와 함께 사용되지 않는다.

* ( )에 표시한 것은 일상어적인 표현이다.

mina(ma) 나	meie (me) 우리
sina(sa) 너	teie(te), Teie(Te) 너희, 당신(존칭)
tema(ta) 그, 그녀, 그것	nemad(nad) 그들

* 인칭대명사는 소유대명사에 격어미가 연결될 때 변화한다.

* 격어미는 6격까지 가능하다.

* 어미는 2격에서 변화한다.

* 예외) meie(우리)는 mei- 줄기에서, teie(너희들)는 tei- 에서 어
   미가 변화한다.

단수 1격	mina/ma 나	sina/sa 너	tema/ta 그, 그녀
2.	minu/mu	sinu/su	tema/ta
3.	Mind	sind	teda
4.	Minusse	sinusse	temasse
5.	Minus	sinus	temas
6.	Minust	sinust	temast
복수 1격	meie/me 우리	teie/te 너희들	nemad/nad 그들
2.	meie/me	teie/te	nende
3.	meid	teid	neid
4.	meisse	teisse	nendesse
5.	meis	teis	nendes
6.	meist	teist	nendest

Õppetükk 06 소유대명사

소유대명사는 변화된 인칭대명사의 단수 2격과 일치한다.
인칭대명사는 활용된 동사와 함께 사용되지 않는다.

minu 나의	meie 우리의
sinu 너의	teie(te), Teie(Te) 너희의, 당신의(존칭)
tema 그의, 그녀의	nende 그들의

● **소유대명사** : 명사가 변형, 복수형

단수	minu raamat	나의 책
	minu raamatud	나의 책들
복수	meie raamat	우리의 책
	meie raamatud	우리의 책들

Ôppetükk 07 동사

● 어간 + -ma/ -da → 동사

küsima / küsida 질문하다
naerma / naerda 웃다
elama / elada 빌다
saama / saada 얻다

● 시제

* 에스토니아어는 현재, 현재완료, 과거, 과거완료로 시제가 구분
  된다.
* 에스토니아어에는 미래 시제가 없다. 단, 표현하고 싶다면 시간
  부사를 써야 한다.

Ma sõidan homme koju. 나는 내일 집으로 갈 거다.
Ma tulen homme. 나는 내일 갈 거다.

● 동사의 현재 인칭 변화

단수		복수	
나	-n	우리	-me
너	-d	너희들, 당신(존칭)	-te
그, 그녀, 그것	-b	그들	-vad

sööma 먹다	
ma söön 나는 먹는다	me sööme 우리는 먹는다
sa sööd 너는 먹는다	te sööte 너희들은 먹는다
ta sööb 그/그녀/그것은 먹는다	nad söövad 그들은 먹는다

● 동사의 과거 인칭 변화 (-si-)

단수		복수	
나	-sin	우리	-sime
너	-sid	너희들, 당신(존칭)	-site
그, 그녀, 그것	-s/ -is/···	그들	-sid

	kirjutama 쓰다
ma	kirjutasin 나는 썼다
sa	kirjutasid 너는 썼다
ta	kirjutas 그/그녀/그것은 썼다
me	kirjutasime 우리는 썼다
te	kirjutasite 너희들은 썼다
nad	kirjutasid 그들은 썼다

* 변화된 동사 형식이 명확하다면 인칭대명사를 생략할 수 있다.

* 현재 완료와 과거 완료는 보조동사 olema, 분사와 함께 구성된다.

Õppetükk 08 화법동사

화법동사에 따른 2가지 상이한 원형이 존재한다.

-ma, -da원형

	-ma원형	-da원형
-고 싶다	tahtma	tahta
-아/어야 한다	pidama	pidada
-아/어도 된다	tohtima	tohtida
-(으)ㄹ 수 있다	oskama, suutma	osata, suuta

	-ma원형	-da원형
사용하다	kasutama	kasutada
읽다	lugema	lugeda
가다	sõitma	sõita
사다	ostma	osta

● -ma 원형

• 시작, 변화, 의무(약속)를 표현하는 동사에서 쓰인다.
• 소망, 준비(각오)를 표현하는 형용사, 부사에서 쓰인다.

* 그러나 -ma, -da의 사용으로 동사의 뜻이 변하는 것은 아니다.

Ma pean õppima. 나는 가르쳐야 한다.

Ma hakkan kirjutama. 나는 쓰기를 시작해야 한다.

Ma tulen sööma. 나는 먹으러 왔다.

● -da원형

• 소망, 가능, 감정, 생각, 혹은 노력으로 표현되는 동사와 형용사
  에서 쓰인다.
• '-(으)ㄹ 것이다, -아/어도 된다. -(으)ㄹ 수 있다' 에서 쓰인다.

* -da 불규칙은 부록의 단어목록에 표시한다.

Ma tahan lugeda. 나는 읽고 싶다.

Ma tahan seepi osta. 나는 비누를 사고 싶다.

Ma oskan jalgrattaga sõita. 나는 자전거를 탈 수 있다.

Linnas on raske elada. 도시에서 사는 것은 어렵다.

주요 동사의 목록

	기본형 (-ma, -da원형)	현재 (나는…)	과거 (나는…)
도착하다	saabu/ma(-da)	saabun	saabusin
전화하다	helista/ma(-da)	helistan	helistasin
시작하다	hakkama(hakata)	hakkan	hakkasin
받다	saa/ma(-da)	saan	sain
지불하다	maks/ma(-ta)	maksan	maksin
청하다	palu/ma(-da)	palun	palusin
고마워하다	täna/ma(-da)	tänan	tänasin
설명하다	seleta/ma(-da)	seletan	seletasin
가다	sõitma(sõita)	sõidan	sõitsin
질문하다	küsi/ma(-da)	küsin	küsisin
주다	andma(anda)	annan	andsin
가다	minema(minna)*	lähen	läksin
불러오다	tooma(tuua)	toon	tõin
듣다	kuula/ma(-ta)	kuulan	kuulasin
사다	ostma(osta)	ostan	ostsin
알다	tundma(tunda)	tunnen	tundsin
오다	tulema(tulla)	tulen	tulin
하다	tegema(teha)	teen	tegin
가지다, 잡다	võtma(võtta)	võtan	võtsin

말하다	ütlema(ütelda)	ütlen	ütlesin
보다	nägema(näha)	näen	nägin
~이다, 있다	olema(olla)	olen	olin
앉다, 세우다	panema(panna)	panen	panin
찾다	otsi/ma(-da)	otsin	otsisin
마시다	jooma(juua)	joon	jõin
이해하다	aru saa/ma(-da)	saan aru	sain aru
기다리다	ootama(oodata)	ootan	ootasin
알다	teadma(teada)	tean	teadsin
보여주다	näitama(näidata)	näitan	näitasin

* 주의: minema/minna(주다)는 원형만 있다.

과거분사

과거분사 : 어간 + -tud/ -dud

-ma원형	-da원형	과거분사
maksma	maksta	makstud
teadma	teada	teatud
tegema	teha	tehtud
kirjutama	kirjutada	kirjutatud
saama	saada	saadud
kõnelema	kõnelda	kõneldud
panema	panna	pandud
jooma	juua	joodud
võima	võida	võidud
müüma	müüa	müüdud
saatma	saata	saadetud

* -tud는 -da 원형의 어간과 결합한다.

* -dud는 saama처럼 장음, 강세 혹은 -l, -n 혹은 -r로 끝난 어간 뒤
  에 붙는다.

* -ma원형의 어미가 장모음으로 끝나면 -dud가 덧붙는다.

Õppetükk 10 부정

● **현재의 부정** : 동사 + ei(아니다)

ma otsin 나는 찾는다.

ma ei otsi 나는 찾지 않는다.

sa otsid 너는 찾는다.

sa ei otsi 너는 찾지 않는다.

● **단순 과거의 부정** : ei + -nud로 끝난 분사 II

ma andsin 나는 주었다.

ma ei andnud 나는 주지 않았다.

sa andsid 너는 주었다.

sa ei andnud 너는 주지 않았다.

● **특별한 부정사** : mitte(아니다) + 부정의 대상

● 현재/과거완료의 부정

Ma ei näinud kedagi. 나는 아무도 보지 않았다.

Ma ei söönud veel midagi. 나는 아직 보지 않았다.

Ma ei olnud kunagi seal. 나는 아직 거기에 없다.

Ma ei näinud teda kuskil. 나는 그를 어디에서도 보지 않았다.

● mitte의 부정 : mitte + 인칭대명사, 명사, 동사, 형용사

mitte siin. 여기가 아니다.

mitte mina, vaid sina. 내가 아니고 너다.

mitte süüa, vaid juua. 먹지 않고 마신다.

mitte see auto, vaid too. 이 자동차가 아니라 저것이다.

mitte kollane, vaid sinine. 노란색이 아니라 파란색이다.

* 명사와 형용사는 독일어처럼 앞 음절과 뒤 음절을 통해 부정으로 바뀐다.

● 명사의 부정 : eba-(불/부, 아니다) + 명사

õnn 행운	ebaõnn 불운
selgus 명료한	ebaselgus 명료하지 않은
kindel 확실한	ebakindel 확실하지 않은
täpne 분명한	ebatäpne 분명하지 않은

뒤 음절 -tu는 독일어 뒷 음절 -los와 비교할 수 있다.

kaitse	보호	kaitsetu	보호없이
rahu	휴식	rahutu	휴식없이
tunne	감정	tundetu	감정없이

Õppetükk 11 ~이다/가지다

olema는 '-이다/가지다' 의 두 가지 의미를 갖고 있다.

1. olema (-이다: 보조동사)

● olema는 현재와 과거에서 불규칙 활용을 한다.

현재	-이다	과거	-였다
mina	olen	mina	olin
sina	oled	sina	olid
tema	on	tema	oli
meie	oleme	meie	olime
teie	olete	teie	olite
nemad	on	nemad	olid

● ei(아니다)는 olema의 부정형으로 쓰인다.

현재의 부정	과거의 부정
ma ei ole 나는 아니다 → ma pole	ma ei olnud 나는 아니었다 → ma polnud
sa ei ole 너는 아니다 → sa pole	sa ei olnud 너는 아니었다 → sa polnud

2. olema (-가지다: 소유)

* 단수 3격에서는 변화가 없고, 8격에서는 변화한다.

　　Mul on võti / võtmed. 나는 그것을/ 열쇠를 가진다.

　　Maimul on sõidupilet / sõidupiletid. 마이무(Maimu)는

　　　표를 가진다.

　　Matil ei ole raha. 마티(Mati)는 돈이 없다.

　　Maril ei ole aega. 마리(Mari)는 시간이 없다.

● olema(-가지다: 소유)의 인칭변화

* 과거에서는 oli을, 부정에서는 -nud를 사용한다.

단수	복수
mul on 나는 가진다	meil on 우리는 가진다
sul on 너는 가진다	teil on 너희들은 가진다
tal on 그/그녀/그것은 가진다	nendel on 그들은 가진다

Sul oli võti. 너는 열쇠를 가졌다.

Mul ei olnud aega. 나는 시간이 없었다.

Õppetükk 12 현재완료와 과거완료

현재완료는 보조동사 olema와 분사 -nud로 만든다.

1. 현재완료의 인칭변화

현재	과거
ma olen läinud 나는 갔다	ma olen ostnud 나는 샀다
sa oled läinud 너는 갔다	sa oled ostnud 너는 샀다
ta on läinud 그는/그녀는/그것은 갔다	ta on ostnud 그는/그녀는 샀다

● **현재완료의 부정** → - ei ole + 동사 + -nud

läi 가다	ost 사다
ma ei ole läinud 나는 가지 않았다	ma ei ole ostnud 나는 사지 않았다
sa ei ole läinud 너는 가지 않았다	sa ei ole ostnud 너는 사지 않았다

2. 과거완료의 변화

läi 가다	ost 사다
ma olin läinud 나는 갔었다	ma olin ostnud 나는 샀었다
sa olid läinud 너는 갔었다	sa olin ostnud 너는 샀었다

● **과거완료의 부정** → -ei olnud + 동사 + -nud

läi 가다	ost 사다
ma ei olnud läinud 나는 가지 않았었다	ma ei olnud ostnud 나는 사지 않았었다
sa ei olnud läinud 너는 가지 않았었다	sa ei olnud ostnud 너는 사지 않았었다

Õppetükk 13 요구와 명령

개별 인칭별로 명령형을 만든다.

단수 1인칭은 -n어미를 제거한다.

-da동사의 어간 + -gu, -gem, -ku, -kem, -ke를 붙인다.

kirjutama, kirjutada 쓰다	ootama, oodata 기다리다
kirjuta! (너) 써라!	oota! 기다려라!
kirjutagu! (그, 그녀) 쓰세요!	oodaku! 기다리세요!
kirjutagem! (우리) 씁시다!	oodakem! 기다립시다!
kirjutage! (너희들, 당신들) 써라, 쓰십시오!	oodake! 기다려라, 기다리십시오!
kirjutagu! 써야 합니다!	oodaku! 기다려야 합니다!

● olema의 명령형

ole!	있어라!
olgu!	있으세요!
olgem!	있읍시다!
olge!	있어라, 계세요!
olgu!	있어도 괜찮다!

● 명령형의 부정

* 부정동사는 명령형의 음절과 같은 동일한 어미를 가진다.

ära küsi!	묻지 마라!
ärgu küsigu!	묻지 마세요!
ärgem küsigem!	묻지 맙시다!
ärge küsige!	묻지 마라, 묻지 마십시오!
ärgu küsigu!	물어도 괜찮다.

Õppetükk 14 접속사

접속사는 단어, 문장을 연결한다.

ja, ning	그리고, 마찬가지로
ka	또한
nii··· kui	···도 마찬가지로
mitte ainult··· vaid ka	···뿐만 아니라 ···도
ei··· ega	···도 아니고 ···도 아니다
ehk	또는
või	또는
ega	···도 아니다
kas··· või	무엇이 아니면 무엇
aga, kuid	하지만
ent	하지만, 그러나
vaid	···뿐만 아니라
ometi	그러나
siiski, ikkagi	그럼에도 불구하고
ehkki, kuigi	비록 ···임에도 불구하고

niisiis, järelikult	그 결과, 따라서
sellegipoolest	그럼에도 불구하고
seega	따라서
nii et	그래서
sest	왜냐하면
nimelt	좀 더 정확히 말하면
sellepärast	…때문에, 이 점에서는
sellepärast et	그 때문에
seetõttu	그 주변에, 그 때문에
kuna, sest et	…때문에
selleks et	주위로
et	그 결과로
kui, kuivõ	어떻게
nagu	어떻게
kui	만약 …라면, …할 때
enne kui	이전에, …하기 전에
kuna	…하는 동안에
seni kui	…까지, …하는 동안
niipea kui	…하자마자
kuni	…까지
pärast seda kui	…한 후에

Ma läksin Eestisse, et sõpru / sugulasi külastada.

나는 에스토니아로 떠났다, 친구를 / 친척을 방문하기 위해서.

Enne kui ma koju sõidan, tulen ma veelkord Teile / sulle külla.

나는 집으로 가기 전에, 당신을 방문하겠습니다. / 너를 다시 방문할게.

Õppetükk 15 관계대명사

관계대명사는 앞에 놓인 명사와 관계가 있다. 단수와 복수 2격이
존재한다.

---

kes(kelle; 단수, kellede; 복수) 어떤(사람)

mis(mille; 단수, millede; 복수) 무슨(사물)

Ants, kes mind aitas, on juba läinud.

나를 도와줬던 안츠(Ants)는 이미 떠났다.

Raamat, mis sulle meeldib, on välja müüdud.

네가 마음에 들어 하는 책은 이미 팔렸다.

Õppetükk 16 부사

형용사 2격 + -sti/-lt→ 부사

* 1음절과 2음절 단어들은 -sti 어미를 붙인다.

* 몇몇의 부사는 -sti/-lt를 모두 만들 수 있다.

* 예외) hästi(좋다)

● 부사 만들기

형용사	2격	부사
kõva 딱딱한	kõva	kõvasti
ilus 아름다운	ilusa	ilusasti
halb 열등한	halva	halvasti
vaikne 고요한	vaikse	vaikselt
lõbus 유쾌한	lõbusa	lõbusalt
hea 좋은	hea	hästi

hea söök 훌륭한 식사

Teie räägite hästi saksa keelt. 그는 독일어를 잘 한다.

Eile pidutsesime lõbusalt. 어제 나는 즐겁게(유쾌하게) 축하했다.

● 부사

igatahes 어떠한 경우에도, 꼭	õieti 올바른, 사실은
ärevil 시끄러운	istukil 않은 채로
ometi 그러나, 그럼에도 불구하고	isegi 더욱이, 스스로
samuti 마찬가지로	täiesti 완전한
otse 곧바로	tõesti 실제의
vaevalt 거의 …않다	küllap, vist 그럴듯한, 좋은 정해진
käsitsi 손으로, 직접	küll 좋은, 이미
muidugi 물론, 말할 것도 없이	jala, jalgsi 걸어서

● 방향부사

* 방향부사는 변화하지 않는다.

seal 저기	siin 여기
sinna 저기로	siia 여기 이곳으로
sealtb 저기에서	kuskil 어디에서인가

kodus 집에	kuskile 어디로인가
koju 집으로	kuskilt 어디로부터인가
kodunt 집에서부터	üleval, ülal 위에
all 아래에	tagapool 뒤에
ees(pool) 앞에서	lähedal 가까운
eemal, kaugel 멀리 떨어진	

Õppetükk 17 14격

에스토니아어는 14개의 격을 가진다.

3격은 불규칙이다.

격변화는 -t/-d 혹은 -it/-id 어미가 붙는다.

복수형은 항상 -d-, -t- 로 변한다.

● 명사의 격변화에 대한 기본규칙

- 항상 강변화에서 복수 3격을 만든다.

- 대부분의 격변화에서는 단수 1격, 단수 3격, 복수 2격을 만든다.

- 단수 1격과 단수 3격은 항상 단수 2격에서 만든다.

- 복수 1격은 복수 2격에서 만든다.

● 동사의 격변화에 대한 기본규칙

- 항상 강변화 단계는 ma- 부정형과 단순 과거로부터 만든다.

- 대부분의 단계에서 현재, 단수 2인칭의 명령형과 간접화법 현재
를 만든다.

- da- 부정형은 다른 격변화에서 현재로 만들어진다.

- 단수 2인칭 명령형은 다른 격변화에서 그 밖의 명령형으로 만들어진다.

● **양적 단계변화**

양적 단계변화는 -pp- → -p-, -ss- → -s-, -tt- → -t- 로 겹자음이 하나의 자음으로 변화면서 약해지는 것, 그리고 -k- → -g-, -p- → -b- 으로 약화된다.

강한 단계		약한 단계
seppa	-pp- → -p-	sepa
poissi	-ss- → -s-	poisi
mõtte	-tt- → -t-	mõte
auku	-k- → -g-	augu
kaupa	-p- → -b-	kauba

● **질적 단계변화**

질적 단계변화는 자음탈락과 자음변화이다. 자음탈락은 자음의 존재가 강한 단계인 반면, 탈락은 약한 단계를 표현한다. 자음변화는 파열음은 강한 단계, 비파열음은 약한 단계이다.

강한 단계	약한 단계
leiba(빵, 3격)	leiva(2격)
hamba(치아, 2격)	hammas(1격)
kadu(손실, 1격)	kao(2격)
tuba(방, 1격)	toa(2격)
kulda(금, 3격)	kulla(2격)
korda(한 번, 3격)	korra(2격)
uskuma(믿다, 동사원형)	usun(나는 믿는다)

에스토니아어 14격 개관

에스토니아어격 (독일어)	격 (한국어)	단수	복수	단수 변화형 예, raamat(책)	
1. Nimetav (Nominativ)	주격	-	-d	raamat	책은
2. Omastav (Genitiv)	소유격 (목적격)	-	-te, -de	raamatu	책의, 책을
3. Osastav (Partitiv)	부분격	-t, -d	-it, -id	raamatut	책을
4. Sisse?tlev (Illativ)	장소 이동격	-sse	-tesse, -desse	raamatusse	책 쪽으로
5. Seesütlev (Inessiv)	장소 정지격	-s	-tes, -des	raamatus	책에서
6. Seestütlev (Elativ)	장소 분리격	-st	-test, -dest	raamatust	책으로부터
7. Alaleütlev (Allativ)	위치 방향격	-le	-tele, -dele	raamatule	책 쪽으로
8. Alalütlev (Adessiv)	위치 정지격	-l	-tel, -del	raamatul	책에서
9. Alaltütlev (Ablativ)	위치 분리격	-lt	-telt, -delt	raamatult	책으로부터
10. Saav (Translativ)	상태 변화격	-ks	-teks, -deks	raamatuks	책으로
11. Rajav (Terminativ)	완료격	-ni	-teni, -deni	raamatuni	책 (있는 데) 까지

12.	Olev (Essiv)	신분 상태격	-na	-tena, -dena	raamatu**na**	책으로서
13.	Ilmaütlev (Abessiv)	부재격	-ta	-teta, -deta	raamatu**ta**	책 없이
14.	Kaasaütlev (Komitativ)	수반격	-ga	-tega, -dega	raamatu**ga**	책을 갖고

이를 바탕으로 여기에서 간단한 질문과 답변의 예를 아래와 같이 제시해보면, 다음과 같다.

1. 주격 (질문/답)
kes? 누구? / mina 나
mis? 무엇? / maja 집

2. 소유격
kelle? 누구의 (것)? / minu 나의 (것)
mille? 무엇의 (소유)? / hotelli 호텔의 (소유)

3. 부분격
keda? 누구를? / mind 나를
mida? 무엇을? / leiba 빵을
kui palju? 얼마나 많이? / kaks aastat 2년을

4. 장소 이동격

kuhu? 어디로? / muuseumisse 박물관 쪽으로

kuhu? 어느 쪽으로? / sinusse 너 쪽으로

kellesse, millesse? 누구, 어느 쪽으로? / raamatusse 책 (있는) 쪽
　　으로

5. 장소 정지격

kus? 어디에? / linnas 시내에

kelles? 누구에게서? / sinus 너에게서

milles? 어디 (안)에? / hotellis 호텔 (안)에

kunas? 언제? / detsembris 12월에

6. 장소 분리격

kust? / 어디로부터, 무엇으로부터? / rongist 열차로부터

kellest? 누구로부터? / sinust 너로부터

millest? 무엇에 대해서? / ilmast 날씨에 대해서

7. 위치 방향격

kellele? 누구에게? / sinule 너에게

millele? 누구에 대해서? / sinule 너에 대해서

kuhu? 어디로? / lauale 탁자 위로

8. 위치 정지격

millel? 어디에? / selel 저기에

kus? 어디에서? / maal 시골에서

9. 위치 분리격

kellelt? 누구로부터? / minult 나로부터

millelt? 무엇으로부터? / sellelt 그것으로부터

kust? 어디로부터? / turult 마트로부터

10. 상태 변화격

kelleks? 누구로 (변해)? / isaks 아버지로 (변해)

milleks? 무슨 자격으로? / müüjaks (töötama) 판매원 자격으로
   (일한다)

11. 완료격

kelleni? 누구에게까지? / minuni 나에게까지

milleni? 어디까지? / piirini 국경선까지

kui kaua? 얼마나 오랫동안? / (kella) seitsmeni 7(시)까지

12. 신분 상태격

kellena? 누구로서? / inimesena 인간으로서

millena? 무엇으로서? / müüjana 판매원으로서

13. 부재격

kelleta? 누구 없이? / lapseta 아이 없이

milleta? 무엇 없이? / rahata 돈 없이

14. 수반격

kellega? 누구와 함께? / minuga 나와 함께

millega? 무엇을 갖고? / autoga 자동차를 갖고

Õppetükk **18** 문장

주어 + 술어 → 문장
동사의 인칭변화 → 문장

Sajab. 비가 온다.

Lähen. 나는 간다.

Olete. 너희들이 있다.

Ma lähen täna vara koju. 나는 오늘 늦지 않게 집으로 간다.

Täna ma lähen vara koju. 오늘 나는 늦지 않게 집으로 간다.

● 단어배열

- 주어 + 동사 + 목적어
- 강조하는 경우는 강조하는 문장성분이 문장의 앞머리에 자리한다.

Õppetükk 19 의문문

● jah(예) 혹은 ei(아니요)로 대답하는 판단의 질문

평서문	의문문
Naine läheb koju.	Kas naine läheb koju?
여자는 집으로 간다.	여자는 집으로 갑니까?

Sa olid eile seal. 너는 어제 거기에 있었다.

Olid sa eile seal? 어제 거기에 있었습니까?

Kas sa tuled meiega? 우리와 함께 가겠습니까?

Jah. / Jah, tulen. 네. / 네, 함께 가겠습니다.

● 간접적인 질문 : Kas + 동사?

Küsin, kas kuulad? 나는 네가 귀를 기울이는지 묻는다.

Ta küsis, kas ma olen sakslane / sakslanna. 그는 내가 독일남자 /

독일여자냐고 물었다.

● 의문사

kes(kelle) 누구?	mis(mille) 누구의/무엇의
kus 어디?	millal 언제?
kuhu 어디로?	mitu 얼마나?
kust 어디에서?	miks 왜?
kunas 언제?	kuidas 어떻게?
kumb(kumma) 양쪽 모두?	missugune(missuguse) 어떤?

Kust sa tuled? 어디에서 왔습니까?

Ma tulen linnast. 나는 도시에서 왔습니다.

Kus sa elad? 어디에 삽니까?

Ma elan Harju tänaval. 나는 하르유(Harju) 거리에 삽니다.

Millal me jälle kohtume? 우리 언제 다시 만납니까?

Homme kohtume. 내일 다시 만납시다.

Keda Teie tahate külastada? 당신은 누구를 방문합니까?

Ma tahan oma venda külastada. 나는 나의 형을 방문할 겁니다.

Mis see maksab? 얼마입니까?

Kummal on õigus? 누가 맞습니까?

Mis maja see on? 무슨 건물입니까?

See on raekoda. 시청입니다.

Kumb tänav viib hotelli? 어떤 거리가 호텔로 이어집니까?

Õppetükk 20　전치사/후치사

1. 전치사

- 전치사는 명사 앞에 놓인다.
- 전치사는 명사에 관계한다.
- 명사는 스스로 아래와 같이 변화한다.

peale …이외에	peale …(으)로
kuni …까지	ligi 근처에
vastu …에 반해서, 대하여, 향하여	ilma …없이
keskel 사이에	enne …전에(시간)
keset 한가운데	koos, 함께
mööda …을/를 따라서	ühes …와 더불어

* 대부분의 전치사는 3격과 함께 쓴다.

Lähen enne esmaspäeva koju. 나는 월요일 전에 집으로 떠난다.

Ta seisis keset tuba. 그는 방 가운데 서 있다.

Ta läks mööda tänavat. 그녀는 도로를 따라 간다.

Lähen koos Jüriga linna. 나는 Jüri와 함께 시내에 간다.

Sõidan ühes teiega. 나는 너희들과 함께 떠난다.

Ilma sinuta on igav. 너 없이 지루하다.

Ootan kuni kella kuueni. 나는 6까지 기다린다.

Peale minu on kõik eestlased. 나 외에 모두 에스토니아인이다.

Peale lõunat läheme suplema. 우리는 오후에 목욕하러 간다.

2. 후치사

- 후치사는 명사 뒤에 놓인다.
- 전치 관계사는 확실한 경우에 변화한다.
- 3가지 방식이 존재한다.

* 3가지 방식에 결합되는 격은 항상 동일하다.

all …아래에	alla …아래쪽으로	alt …아래로, …밖으로

Ta istub silla all. 그는 다리 아래에 앉았다.

Ta läks trepist alla. 그는 계단 아래쪽으로 갔다.

Ta tuleb laua alt. 그녀는 책상 아래에서 밖으로 나온다.

● 전치사 + 2격 명사

* 예외) kaudu는 2격과 3격을 동시에 취한다.

peale ⋯	⋯에 대해
all(alla; alt)	⋯아래에(⋯아래로, ⋯밖으로)
ees(ette; eest)	⋯전에
juures(juurde; juurest)	⋯와 더불어, 에, (으)로, (에서 ⋯로)
kaudu	⋯을/를 통해서, ⋯수단으로, ⋯에 대해서
kohal(kohale, kohalt)	(⋯에서 ⋯(으)로)
kõrval(kõrvale, kõrvalt)	⋯옆에
käes(kätte, käest)	⋯에, ⋯가까이에
küljes(külge, küljest)	⋯에, ⋯전에
peal(peale, pealt)	⋯에 대해
pool(poole, poolt)	⋯가까이에
seas(sekka, seast)	⋯한가운데, ⋯아래에
sees(sisse, seest)	⋯에, ⋯안에
taga(taha, tagant)	⋯뒤에(⋯뒤에서 ⋯앞으로)
teel	⋯길을 통하여, ⋯에 의하여, ⋯의 도움으로
tõttu	⋯때문에
vahel(vahele, vahelt)	⋯사이에(⋯사이에서 ⋯밖으로)
vastas(vastu, vastast)	⋯맞은편에, ⋯로 향하여
üle	⋯위에
umber	⋯주위를, ⋯돌아서

Panen leiva laua peale. 나는 책상 위에 빵을 놓는다.

Leib on laua peal. 빵은 책상 위에 있다.

Hommikust peale sajab vihma. 월요일부터 비가 온다.

Ma elan oma sõprade juures. 나는 나의 친구와 함께 산다.

Seda teed kaudu jõuad kiiremini linna. 너는 이 길을 따라서 빨리 시
내로 왔다.

Me kohtume muuseumi/raekoja ees. 우리는 박물관/시청 앞에서 만
난다.

Kas ma tulen Sinu/Teie juurde? 너에게/당신에게 가야 합니까?

재귀동사

에스토니아어에 재귀동사는 적다.

재귀동사는 -ma 대신에 -uma의 어미를 사용한다.

재귀대명사 ise(영어 self, 독일어 sich)는 단수와 복수에서 차이를 보인다.

격	단수	복수	격	단수	복수
1.	ise	ise	8.	endal	endil
2.	enda	endi	9.	endalt	endilt
3.	end	endid	10.	endaks	endiks
4.	endasse	endisse	11.	endani	endini
5.	endas	endis	12.	endana	endina
6.	endast	endist	13.	endata	endita
7.	endale	endile	14.	endaga	endiga

Ostsin endale raamatu. 나는 (스스로) 책 한 권을 샀다.

Ma pesen end. 나는 (스스로) 씻었다.

Õppetükk 22　간접화법

　　간접화법은 간접적이거나(우회적인) 불확실한(명확하지 않은) 것
을 표현한다.

　　"자칭, 소위", "아마" 혹은 "있어야 한다"로 번역된다.

　　간접화법은 현재와 과거에서 나타난다.

　　현재의 어미는 -ma 부정의 줄기에서 -vat 로 변한다.

* 현재의 형식은 거의 사용하지 않는다.

lugema 읽다.

sa lugevat 네가 읽는다고 한다.

tulema 오다.

nad tulevat 그들이 온다고 한다.

* 과거에서 보조동사 olema(이다)는 -vat 어미로 바뀌고 분사 II 전
　에 놓인다.

Sa oled lugenud. 너는 읽었다.

Sa olevat lugenud. 네가 읽었다고 한다./ 너는 읽었어야 한다.

Nad on tulnud. 그들이 왔다.

Nad olevat tulnud. 그들이 왔다고 한다./ 그들이 왔어야 한다.

Nad ei tulevat. 그들이 오지 않는다고 한다.

Nad ei olevat tulnud. 그들이 오지 않았다고 한다.

조건문은 일인칭의 -n을 빼고 부정형의 줄기에 -k-를 연결한다.
거기에 과거인칭대명사의 어미를 붙인다.

kirjutama	쓰다
ma kirjutaksin	내가 쓴다면
sa kirjutaksid	네가 쓴다면
ta kirjutaks	그가 쓴다면
me kirjutaksime	우리가 쓴다면
te kirjutaksite	너희들이 쓴다면
nad kirjutaksid	그들이 쓴다면

Tahaksin sinuga kinno minna. 나는 너와 함께 영화관에 가고 싶다.

Kas tohiks …? …해도 괜찮습니까?

Kas võiksin siin ööbida? 제가 여기에서 묵어도 되겠습니까?

Kas võiksin küsida, kas Teil on veel üks käterätik? 아직도 손수건
을 가지고 있는지 질문해도 되겠습니까?

1. 기수

o null	6 kuus(kuue)
1 üks(ühe)	7 seitse(seitsme)
2 kaks(kahe)	8 kaheksa(kaheksa)
3 kolm(kolme)	9 üheksa(üheksa)
4 neli(nelja)	10 kümme(kümne)
5 viis(viie)	

* 괄호 안에 쓰인 것은 2격이다.

* 숫자는 11부터 19까지 구성되는데 수의 어미에 -teist를 붙인다.

* -teistkümmend 대신 -teist가 연결되는 경우는 어미가 -kümmend 로 끝난 경우이다.

11 üksteist
12 kaksteist
13 kolmteist 등

* 20, 30, 40… 등의 숫자들은 기수에 -kümmend를 붙인다.

20 kakskümmend
30 kolmkümmend
40 nelikümmend
41 nelikümmend üks
42 nelikümmend kaks
43 nelikümmend kolm 등
* 십 단위 + 일 단위

* 백 단위는 기수에 sada(100)을 붙인다.

100 (üks) sada	101 sada üks
200 kakssada	102 sada kaks
300 kolmsada	103 sada kolm
400 nelisada	121 sada kakskümmend üks
500 viissada	254 kakssada viiskümmend neli

* 천 단위는 기수에 tuhat(천)을 붙인다.

1000 (üks) tuhat	1001 tuhat üks
2000 kaks tuhat	1010 tuhat kümme
3000 kolm tuhat	1100 tuhat ükssada

* 만 단위는 모두 kümme tuhat를 붙인다.

- 100,000 : sada tuhat

- 1,000,000 : miljon

- 1,000,000,000 : miljard

2. 서수

* 서수는 기수의 2격에 -s를 붙인다.

1. esimene	6. kuues
2. teine	7. seitsmes
3. kolmas	8. kaheksas
4. neljas	9. üheksas
5. viies	10. kümnes

* 1, 2, 3은 예외이다.

3. 분수

* 분수를 만들기 위해서는 기수 2격이 필요하다.
- 2격에 -ndik 어미를 붙인다. 예외) pool

1/2 pool

2/3 kaks kolmandikku

1/3 kolmandik

1/4 veerand; neljandik

4. 소수

* 콤마 숫자와 함께 순서대로 읽는다. "콤마"는 에스토니아에서도 koma라고 한다. 참고로 한국어는 소수점 표시를 '점'으로 한다.

0,4 null koma neli

0,08 null koma null kaheksa

5. 그 밖의 수

* 기수 2격에 -kaupa(마다, 씩) 어미를 붙인다.

kahekaupa 2 마다(씩)
kolmekaupa 3 마다
kuuekaupa 6 마다

* "한 번, 두 번…"과 같은 수사는 3격에 kord(번, 회)를 붙인다.

viis korda 5번
tuhat korda 100번

* 기수의 2격에 -kesi(씩) 어미를 붙일 수도 있다.

kahekesi 둘씩
kolmekesi 셋씩
viiekesi 다섯씩

6. 수의 계산

* 명사는 단수에서 3격으로 변한다.
* 완전한 문장에서 명사의 수를 세는 경우에는 명사가 일반적인 변화를 한다.
* 수사는 2격에서 생긴다.

kolm sõpra 여자 3명

viis meest 남자 5명

Ma sõidan kolme   sõbraga   Tallinnasse.
˙나는 간다   3(2)   여인-함께(14) Tallinn-(으)로(4)
나는 3명의 여인들과 탈린(Tallinn)으로 간다.

7. 무게와 수량 표시

sada grammi 100그램

(üks) kilo 1킬로

(üks) liiter 1리터

umbes 쯤, 정도, 대략	veidi 약간의, 적은
natuke, pisut 조금, 약간, 다소	liiga vähe 아주 적은
palju 많은	liiga palju 아주, 너무나, 극도로

Ma   palun kolmsada grammi sinki. 햄 300그램을 주십시오.

Aitab sellest? 충분합니까?

Veel natuke rohkem, palun. 아니요, 더 부탁합니다.

See on liiga palju. 이것은 너무 많습니다.

1. 시간 부사

täna - eile - homme	오늘 - 어제 - 내일
üleeile - ülehomme	그저께 - 모레
päeval	그 다음날, 온 종일
hommikul - enne lõunat	아침 - 오전
lõuna ajal	정오
pärastlõunal, peale lõunat	오후
õhtul - öösel	저녁 - 밤
vara - hilja	이른 - 늦은
enne	전에, 이른
pärast	늦은, 후에
vanasti	이른, 언젠가
harva - ajuti	드문 - 때때로(이리저리로)
sageli, tihti - alati, ikka	종종 - 항상
hiljuti	조금 전에, 요새
nüüd - kohe	지금 - 금방, 당장
varsti - siis	곧 - 다음에
mullu - tänavu - tuleval aastal	작년 - 올해 - 내년

Ma sõidan homme. 나는 내일 떠난다.

Ma läksin hilja voodisse. 나는 늦게 잠을 자러 갔다.

Mul täna kahjuks aega ei ole. 유감스럽게도 나는 오늘 시간이 없다.

Ma tulen homme õhtul. 나는 내일 저녁에 도착한다.

2. 시간

kell	시	minut	분
aeg	시간(시)	tund	시간

Mis kell on? 몇 시입니까?

Kell on kolm. 3시입니다.

Kell on pool kaks. 1시 30분입니다.

Kell on veerand viis. 4시 15분입니다.

Kell on kolmveerand seitse. 6시 45분입니다.

Kell on viis minutit neli läbi. 4시 5분입니다.

Kell on kümme enne viit. 9시 50분입니다.

Millal algab kino? 영화가 언제 시작합니까?

Algab kell viis. 5시에 시작합니다.

3. 요일

esmaspäev	월요일
teisipäev	화요일
kolmapäev, kesknädal	수요일
neljapäev	목요일
reede	금요일
laupäev	토요일
pühapäev	일요일

Reedel sööme kala. 금요일에 생선을 먹는다.

Pühapäeval läheme kirikusse. 일요일마다 우리는 교회에 간다.

4. 휴일

lihavõtted	부활절
jõulud	성탄절(크리스마스)
nelipühad	성령 강림제, 오순절
uusaasta	새해

5. 달/월

jaanuar	1월	juuli	7월
veebruar	2월	august	8월
märts	3월	september	9월
aprill	4월	oktoober	10월
mai	5월	november	11월
juuni	6월	detsember	12월

Veebruaris 2월에

Detsembris on jõulud. 12월에 크리스마스가 있다.

Mul on juunis sünnipäev. 나는 6월에 생일이 있다.

6. 계절

kevad	봄	sügis	가을
suvi	여름	talv	겨울

Kas sa tuled suvel Eestisse? 여름에 에스토니아로 옵니까?

Talvel ei ole alati lund. 겨울에 항상 눈이 있는 것은 아니다.

7. 기간

nädal	주	aasta	년
kuu	달	kuupäev	기간

Mis kuupäev täna on? 오늘은 며칠입니까?

Täna on kahekümne seitsmes oktoober. 오늘은 10월 27일입니다.

Mis kuupäev eile oli? 어제는 며칠이었습니까?

Eile oli kolmeteistkümnes. 어제는 13일이었습니다.

Viiendal septembril 9월 5일

Seitsmeteiskümnendal augustil 8월 17일

1992 aastal 1992년

Tuhande üheksasaja üheksakümne teisel aastal 1천 9백 9십 2년

Osa V
부록

01. 에스토니아 미리 가보기

　이 장에서는 에스토니아의 주요 도시들 중에서 수도 탈린, 대학 도시 타르투, 해안 관광도시 페르누를 중심으로 에스토니아 여행을 위한 몇 가지 정보를 제공한다.

　한국에서 에스토니아로 가는 직항노선은 없으며, 에스토니아 인접국(독일, 핀란드, 스웨덴 등)을 거쳐야 에스토니아로 들어갈 수 있다. 에스토니아 탈린 공항으로 가는 항공편은 Baltic Air와 Estonian Air가 있다.

　뮌헨, 프랑크푸르트, 함부르크 등 독일 내 주요 공항을 이용하여 에스토니아로 쉽게 들어갈 수 있다.

　함부르크에서 탈린까지는 약 한 시간 반 정도가 소요되며, 기내에서는 음식물을 비롯한 간단한 물품을 구입할 수 있다. 에스토니아는 2011년 1월 1일부

함부르크에서 탈린으로 가는 비행기표

터 유로를 공식화폐로 도입하였기 때문에 기내에서뿐만 아니라 에스토니아 여행 중에도 에스토니아 통화(kroon)를 준비하지 않아도 된다.

에스토니아의 전체 면적은 한반도의 5분의 1 정도의 수준이다. 에스토니아 국제허브공항인 탈린 공항도 그다지 큰 규모는 아니다.

탈린 공항은 시내에서 조금 떨어져 있으며, 차를 이용하는 경우 10분 내외면 시내 중심가로 들어갈 수 있다. 한국에서도 탈린 공항에 있는 렌트카를 예약할 수 있다.

에스토니아 항공
(Estonian Air)

탈린 공항의 내부

● 탈린

　탈린에서는 중세의 분위기를 간직하고 있는 구시가지가 가볼 만
하다. 구시가지에 들어서는 순간 시간을 거슬러 중세에 온 듯한 분위
기를 느낄 수 있다.

탈린 시청사

　탈린 시청은 북유럽에 있는 중세 시청들 가운데 가장 오래된 건물
중 하나로 구시가지의 남쪽 광장에 있다. 13세기에 건립된 이 건물은
1402년부터 2년에 걸쳐 재건축되어 지금의 모습을 유지하고 있다.

탈린 시청은 고딕 양식의 2층 건물로 정면이 광장을 향하고 있으며 외관은 석회암으로 마감되어 있다. 건물의 지붕은 급경사의 뾰족한 모양을 이룬 박공 구조로 되어 있으며 처마 위에는 용의 머리 형상을 한 물 홈통이 있다.

시청 건물의 창과 입구도 화려하게 장식되어 있으며 특히 건물 동쪽에는 호리호리한 8각 첨탑이 있는데 이는 후기 르네상스 양식인 왕관 모양으로 되어 있다. 첨탑 꼭대기에는 '토마스 할아버지' 라는 애칭으로 불리는 파수병 모양의 풍향계가 있다 이 풍향계가 달린 첨탑이 시청 건물 중 가장 유명한 곳이며 에스토니아 수도 탈린의 상징이다. 지난 수세기 동안 탈린시 의회의 회의는 물론 탈린의 중요한 행정 사항을 결정하던 시청 건물은 현재 콘서트홀로 사용되고 있다.

국회의사당

13세기 덴마크인에 의해 지어져서 독일, 스웨덴, 러시아 등 당시 에스토니아의 지배자들의 거처를 거쳐 한때 감옥으로 사용되기도 했다. 지금은 에스토니아의 국회의사당으로 쓰인다.

니글리스테 교회

광장 남쪽에는 니글
리스테 교회가 있는데,
13세기에 고딕양식으로
지어졌다가 17세기 바로
크 양식으로 개조된 곳
이다.

알렉산데르 네브스키
성당(러시아 정교회)

에스토니아가 재정러
시아 치하에 있던 1900
년에 톰페아 언덕에 건
립되었다. 이 성당은 성
페테르부르크(St.
Petersburg) 출신의 미하
일 프레오브라즈헨스키

(Mikhail Preobrazhenski)에 의해 건축되었으며, 노브고라드(Novgorod)의 왕자인 알렉산더 야로슬라비츠 네프스키(Novgorod, Alexander Yaroslavitz Nevsky)에게 헌정되었다. 네프스키 왕자는 1242년 4월 5일 페입시 호(Peipsi Lake) 둑에서 벌어진 독일과의 얼음전쟁(Ice Battle)에서 승리함으로써 독일의 동방 진출을 차단시킨 인물이다.

성당의 종탑은 11개의 종으로 이루어 있으며 탈린에서 가장 큰 종소리를 낸다. 11개의 종 가운데는 무게가 15톤으로 탈린에서 가장 큰 종도 있다. 예배 전에는 항상 종소리를 들을 수 있으며, 성당 내부는 모자이크와 성상 등으로 화려하게 장식돼 있다.

올레비스테 교회

올레비스테 교회는 구시가지 북쪽의 라이 거리와 피크 거리 사이에 첨탑이 솟아 있는 고딕 양식의 교회이다. 올레비스테 교회는 13~16세기에 만들어졌는데 교회 첨탑은 그 높이가 123m나 되어 탈린에서는 가장 높은 탑이다.

세인트 카타리나 골목

　중세 에스토니아 모습을 볼 수 있는 카타리나 골목은 유명한 명소
다. 이 길은 구시가지에서도 가장 오래된 시기인 13세기에 지어진 건
축물이 많다. 카타리나 골목은 중세 종교개혁 전까지 구시가지 내에
서 활동했던 카타리나 수도원으로 이르는 길이라는 의미이다. 현재
수도원은 사라졌지만 1970년 발굴, 보수공사 이후 수도원 내 귀족들
의 비석을 골목 내부로 옮겨 분위기를 재현해놓았다. 현재 14개의 수
공업 공방으로 결집된 카타리나 길드의 활동 지역이자 중세 분위기
를 느낄 수 있는 지역으로, 관광객이 많이 찾는다.

탈린시 관문

올데한자 식당

시청광장 우측에 위치한 올데한자 식당은 건물 외부에서 내부까지 모두 중세 분위기를 풍기는 유명한 식당으로 국내 여러 매체에도 소개된 바 있다. 종업원들이 에스토니아 전통 복장을 입고 올데한자 앞에서 파는 볶은 땅콩도 유명하다.

부엌을 들여다보아라

탈린에 남아 있는 19개 성탑 중 하나인 '부엌을 들여다보아라' 성탑은 남의 집 부엌이 훤히 들여다보일 정도로 높다고 해서 붙여진 이름이다. 에스토니아를 둘러싼 열강들의 쟁달선이 얼마나 치열했는지를 보여주는 상징물이다.

린다

린다는 독립운동의 영웅인 칼레브의 미망인으로 조국 사랑의 애국적 주제를 지닌 발트 문학의 모티브로 종종 활용된다. 오늘날에도 여전히 칭송되고 있는 민간서사시 '칼레비포에그' 의 한 토막을 인용하면 이렇다.

"린다는 울었네. 처량한 미망인/그리움에 사무쳐 비통한 눈물/비탄에 잠겨 뜨거운 눈물/신음했네, 비석에 앉아 탄식하며/머물렀네. 오랫동안 괴로워 울면서."

'국립문화유산' 의 표시

탈린의 구시가지는 유네스코 지정 세계문화유산으로, 건물 벽에 아래와 같은 표시가 있다.

● 타르투

타르투

타루투는 에스토니아 제2의 도시이자 유서 깊은 대학 도시이다.

시청사 광장 앞에 있는 '키스하는 대학생' 동상

타르투 대학 건물

우리나라처럼 대학 캠퍼스라고 울타리를 쳐놓은 것이 아니라, 일반 사람들이 마음대로 오가는 거리 양쪽에 대학 건물들이 쭉 늘어서 있다. 이 벽면에 그려진 변화는 예전의 타르투 대학과 그 전경을 그려놓은 것이다.

타르투 대학 인문대 뒤편

사람들이 창을 열고 내다보는 것 같은 이 모습은 그림이 아니라 크게 인화한 사진을 잘라서 창에 붙여 놓은 것이다. 사진 속 주인공은 타르투 대학 교수들이다.

타르투 대학 본관

　시청 광장 바로 뒤에 위치한 타르투 대학은 전 유럽에서 가장 먼저
세워진 대학이다. 에스토니아 문화와 역사의 중심지로 많은 유명인
들이 이곳에서 공부를 하였으며, 노벨상 수상자가 배출되기도 했다.

타루트 대학의 설립자 스웨덴 국왕 아돌프 구스타프 2세 동상

타르투 시내를 걷다보면 곳곳에 다양한 조각상과 벽화들이 눈에 띈다.

타르투 출신의 문학가 에두아르드 빌데와 아일랜드의 오스카 와일드 의 동상

두 사람은 동시대에 활동을 했음에도 불구하고, 한 번도 만난 적이 없다. 단지 성의 알파벳이 같다는 이유로 이곳에 마주 앉아 있다.

이 동상은 오스카와일드의 고향인 아일랜드 골웨이에도 있다고 한다.

윌토 으윤이 제작한 '아버지와 아들' 동상

작가와 아들의 모습을 그대로 표현했는데, 아버지와 키가 같은 아들의 모습이 인상적이다.

타르투 대학로에 위치한 고서점

이 서점에서는 오래된 중세시대의 책부터 근래에 출판된 다양한 책들을 구입할 수 있다.

● 페르누

　페르누는 에스토니아 서남부에 위치한 도시로 탈린에서 남서쪽
으로 129km 떨어진 곳에 위치해 있다. 여름철에는 에스토니아의 수
도가 페르누로 옮겨온다고 말할 정도로 아름다운 북유럽 최고의 휴
양지이다. 페르누의 도심에는 19세기에 조성된 쇼핑거리와 많은 공
원이 있으며, 시대별로 지어진 다양한 양식의 건축물도 있다.

최초로 만든 에스토니아어 신문을 들고 있는 얀센 동상

페르누에는 최초로 에스토니아어 신문을 만들고 민족자각운동을 펼친 요한 볼데마르 얀센 동상이 세워져 있다.

러시아 여황제 카타리나의 흔적을 간직하고 있는 교회의 전경

페르누 해변과 공원

02. 어휘(에스토니아어-한국어)

참고) välismaa (외국)   õhtusöö/k(-gi) (저녁식사)

1격 : välismaa   1격 : õhtusöök

2격 : välismaa   2격 : õhtusöögi

A

aadress(-i) 주소
aasta 년, 해
aastaa/eg(-ja) 계절
aasta/ne(-se) 해마다
abi 도움
abielupaar(-i) 부부, 커플
abikaasa 아내; 남편
abistama 돕다
aed(aia) 정원
aeg(aja) 시간
aga 그러나

ainult 단지
ajaleh/t(-e) 신문
aja/lugu(-loo) 역사
aken(akna) 창문
alasti 벌거벗은
alati 항상
alkohol(-i) 알코올, 술
all ~의 아래에, 밑에
alla kirjutama 서명하다
allpool(-se) 아래에(서)
ametiasutus(-e) 관청
ametnik(-u) 사원, 월급쟁이, 종업원
and/ma(-a) 주다

anum(-a) 그릇(액체를 담는 통, 병
 따위)

aptee/k(-gi) 약국

armastama 사랑하다

armuma 사랑에 빠지다

arst(-i) 의사

aru saa/ma(-ta) 이해하다

arve 계산, 계산서

arvutama 계산하다

asemel 그것 대신에

asi(asja) 물건, 사건, 일

asjatoimetus(-e) 볼일, 용무, 직업

asukoh/t(-a) 위치, 지세

asutus 관청

auk(augu) 구멍

austerlane(-se) 오스트리아 사람

Austria 오스트리아

austria 오스트리아의

auto 자동차, 마차

autojuh/t(-i) (택시) 운전사

autotööko/da(-ja) 자동차 정비소

avama 열다

avarii (자동차, 비행기 따위의) 고장

B

bensiin(-i) 벤젠(휘발유, 가솔린)

broneerima (좌석, 방 따위를) 예약
 하다

buss(-i) 버스

büroo 사무실, 관청, 사무소

D

daatum(-i) 날짜

dialekt(-i) 방언

diskotee/k(-gi) 디스코텍

dokumen/did(-tide) 서류, 문서들

dokumen/t(-di) 서류, 문서

E

edu 성공

ees ~(의) 전에, ~이전에

eesnim/i(-e) (성 뒤의) 이름

ehe 장식, 장식품, 장신구

ehitama 건설하다, 건축하다

eht/ne(-se) 진정한, 진짜의, 순수한

ei 아니오

eile 어제

einet võt/ma(-ta) 아침식사를 하다

eksima 길을 잃다

eksimus(-e) 잘못 생각함, 오류, 오해

ekspor/t(-di) 수출(품)

elama 살다

elanik(-u) 주민, 거주자

elu 삶

elukutse 직업

ema 어머니

end nägema(näha) (거울에)비춰
　　보다

ennast tund/ma(-a) 느끼다

enne ~하기 전에, ~에 앞서

enne lõunat 오전에

ennelõuna 오전

et ~하기 위해서

et(nii et) ~인 것

ette kujutama 소개하다

ette panema 제안하다, 제의하다

ette teatama 신고하다, 등록하다,
　　신청하다

ette tellima 예약하다

ette valmistama 준비하다

F

film(-i) 영화

flirtima 시시덕거리다, 희롱하다

folkloor(-i) 민속학

formular(-i) 서식

fotoaparaa/t(-di) 사진기

fotograafia 사진

G

gaas(-i) 가스

gramm(-i) 그램(무게 단위)

grammatika 문법

gripp(-i) 유행성 감기, 독감

grupp(-i) 무리, 집단, 그룹

H

haav(-a) 상처, 부상

haige 아픈

haigla 병원

haigus(-e) 병

hak/kama(-ata) 시작하다

hambaarst(-i) 치과의사

hambapasta 치약

hapu 신맛 나는

harjuma ~에 길들이다, 익숙하게
　하다

harjutama 연습하다

harva 거의 ~하지 않다, 흔하지 않은

hea 좋은

hele 밝은

heliplaa/t(-di) 레코드, 음반

helistama 전화하다, 전화를 걸다

higistama 땀이 나다

hilinema 지각하다

hilja 늦은

hind(hinna) 가격

hinnaalandus(-e) 절약, 가격인하,
　할인

hirm(-u) 공포, 두려움, 걱정

hoid/ma(-a) 붙잡다, 유지하다, 지
　속하다

hom/me(-se) 내일

hommik(-u) 아침, 오전

hommikueinet võt/ma(-ta) 아침식
　사를 하다

hoone 건물

hotell(-i) 호텔

hul/k(-ga) 다수, 다량, 양

huvitama ~에 흥미가(관심이) 있다

huvitav(-a) 흥미(관심)있는

hõbe(-da) (순)은

härra 신사, ~씨

hästi 좋게

hääl(-e) (목)소리

hääldami/ne(-se) 발음, 논의, 토론

hügieen(-i) 위생학

hüvasti 안녕(작별인사)

hüvasti jät/ma(-ta) 작별을 고하다

hüüd/ma(-a) 외치다, 부르다

I

ida 동쪽

iga 각각, 누구나, 모두 다

iga(ea) 나이, 연령

iga kord 매번

igaaasta/ne(-se) 매년

igal pool 도처에, 어디에서나, 일반
　적으로

igapäeva/ne(-se) 매일

igav(-a) 지루한

ilm(-a) 날씨

ilma ~없이

ilus(-a) 아름다운, 예쁜

impor/t(-di) 수입

indeks(-i) 예비선거

informatsioon(-i) 알림, 정보, 안내

inglise 영어(의), 영국의

Inglismaa 영국

inime/ne(-se) 인간, 사람

insekt(-i) 곤충

internatsionaal/ne(-se) 국제적인

isa 아버지

ise 스스로

isik(-u) 사람, 개인

isikutunnistus(dokumendid)(-e-e)
신분증명서(증거/증빙 서류; 구
비서류)

istet võt/ma(-ta) 앉다

istuma 앉아 있다

J

ja 그리고

jah 예

jahe(-da) 시원한

jal/g(-a) 발

jalgra/tas(-tta) 자전거

jalgsi 걸어서

jalgsi matka/ma(-ta) 도보 여행하
다, 떠돌다

jalutama 산책하다

janu 목마름

jaoks ~을 위해서, ~에 대해서

jaoksle ~을 위해서, ~에 대해서

joo/k(-gi) 마실 것, (청량)음료

jooks/ma(-ta) 달리다

jooksul ~하는 동안

jooma(juua) 마시다

jootraha 마실 것

juba 이미

juhatami/ne(-se) 인도, 이끎, 안내

juhitav ekskursioon(-a -i) 태도, 행
동

jumal(-a) 신

jutt(jutu) 이야기

jutustama 이야기하다

juures 가까이, 곁에

juurvil/i(-ja) 야채

jõgi(jõe) 강, 하천

jälle 다시

järele kuula/ma(-ta) (물어서) 알다,

묻다, 문의하다

järgmi/ne kor/d(-se -ra) 다음 번

järsku 갑자기

järv(-e) 바다

jääma 머무르다

jäätis(-e) 얼음

K

ka 또한, 역시

kaal(-u) 무게

kaar/t(-di) 카드

kaeba/ma(-ta) 불평하다

kahv/el(-li) 포크

kala 생선

kall/is(-i) 비싼

kand/ma(-a) 옮기다

kaotama (물건을) 잃어버리다

karistama 처벌하다

kart/ma(-a) ~을 두려워하다

kas ~인지 아닌지

kassa 금고

katki 고장 난

katsuma 시도하다

katus(-e) 지붕

kauaks 긴(시간)

kaubandus(-e) 손잡이

kauge 먼 곳, 거리, 간격

kau/p(-ba) 상품

kauplema(kaubelda) 값을 깎다

keegi(kellegi) 누군가

keel(-e) 언어

keelatud 금지하다

keet/ma(-a) 요리하다

kehtiv(-a) 유효한, 가치 있는

kell(-a) 시간, 시각, 시계

kelle? 누구의?

kellelegi helistama 전화하다

kerge 가벼운

kes(kelle)? 누구?

kesk/kond(-konna) 환경

keskus(-e) 센터

kestel ~하는 동안

kest/ma(-a) 걸리다

kevad(-e) 봄

kiirabiauto 구급차

kiire 빠른

kiireloomuli/ne(-se) 절박한, 간절한

kind/ei(-la) 확실한

kindlustus(-e) 보증, 보험

king(kinga) 구두, 가죽신(발)

kingitus(-e) 선물

kinni(-se) 닫힌

kino 영화관

kir/i(-ja) 편지

kirik(-u) 교회

kirjamar/k(-gi) 우표

kirjatäh/t(-e) 문자, 철자

kirjaümbrik(-u) 봉투

kirjavahetuses ol/ema(-la) 이름을
　　철자화하다

kirju 다채로운, 가지각색의

kirjutama 쓰다

kitsas 좁은

kits/as tänav(-a -a) 골목길, 골목

kivi 돌

klaas(-i) 유리잔

kleepplaast/er(-ri) 반창고

kodakondsus(-e) 국적

kodanik(-u) 시민

kohe 곧

koh/t(-a) 장소

kohtuma 만나다

kohv/er(-ri) 여행용 가방, 트렁크

kokkulepe 약속

kokku leppima 약속하다

kolla/ne(-se) 노란색

komme 관례, 풍습

komplitseeritud 복잡한

konsulaa/t(-di) 영사관

kontrollima 통제하다

kontser/t(-di) 연주회

kool(-i) 학교

koos ~와 함께

korduma(korrata) 반복하다

korja/ma(-ta) 모으다

korja/ma(-ta)(raha) (돈을) 절약하다

korrus(-e) 층

korter(-i) 방, 숙소

kott(koti) 가방

kui ~한다면, ~할 때, ~보다

kui palju? 얼마나 많이?

kuidas? 얼마나?

kuiv(-a) 건조한

kuld(kulla) 금, 황금

kuna ~때문에

kuni ~까지

kunst(-i) 예술

kupee 부분

kur/b(-va) 슬픈

kuri/tegu(-teo) 범죄, 잘못

kus kohast? 어디에서?

kus kohta? 어디로?

kus? 어디?

kutse 직업; 초대

kutsuma 초대하다

kuu (달력의) 달, 개월

kuula/ma(-ta) 듣다, 경청하다

kuul/us(-sa) 유명한

kuum(-a) 뜨거운, 더운

kuupäev(-a) 날짜

kvalitee/t(-di) 품질

kõhulahtisus(-e) (의학)설사, 떨어
짐, 실패, 낙제

kõi/k(-ge) 모든 것

kõnel/ema(-da) 말하다

kõrge 높은

kõrts(-i) 술집

kõrval 옆에

kõva 소리가 큰; 단단한, 질긴

käima(käia) 가다

kämping(-u) 잠자는 자리

käsitöö 공예품

kätte saa/ma(-ta) 받다, 환영하다

käärid(-e) 가위

köis(köie) 밧줄, 로프

küla 마을

külali/ne(-se) (손님의) 방문; 손님

külalislahkus(-e) 손님을 후대함

külastama 구경하다, 시찰하다

külastama 방문하다

külastami/ne(-se) 방문

küllakutse 초대

külla kutsuma 초대하다

küllalt 충분한

külm(-a) 추운, 싸늘한, 차가운

külmetama 춥다, 차갑다, 얼다

külmetatud ol/ema (-la) 감기에 걸
리다

külmka/pp(-pi) 냉장고

küps(-e) (과일, 곡물 따위가) 익은

küpsis/ed(-te) 구워 만든 과자

küsima 묻다

küsimus(-e) 질문

küttima 몰다, 쫓다

L

laag/er(-ri) (천막, 텐트) 잠자리, 숙소

laena/ma(-ta) 빌리다; 빌려주다

laev(-a) 배

lahja 얇은, 가느다란

lahke 친근한

lahti riietuma 벗다

lai(-a) 폭이 ~인, 폭이 넓은

lais/k(-a) 게으른

lamama 놓여 있다

lam/p(-bi) 램프

laps(-e) 아이

lapselaps(-e) 손자(여)

laul(-u) 노래

laulma 노래하다

lause 문장(문법)

leht(lehe) 잎, 꽃잎

leib(leiva) 빵

leid/ma(-a) 찾다

lendama(lennata) 날아가다

lennujaam(-a) 공항

lennuk(-i) 항공기, 비행기

lennupilet(-i) 비행기표

ligida/ne(-se) 가까운

liha 육고기

liht/ne(-se) 단순한, 간단한, 쉬운

lihtsalt 검소하게, 소박하게

liiga 너무나, 극도로

liiv(-a) 모래

lill(-e) 꽃

lina (침대)시트

lind(linnu) 새

linn(-a) 도시

linnus(-e) 성(곽)

loodus(-e) 자연

loom(-a) 짐승

loomulik(-u) 자연적인

loot/ma(-a) 바라다

loss(-i) 자물쇠

luba(loa) 허락

luba/ma(-ta) 허락하다

lugema 읽다

lusik/as(-a) 숟가락, 스푼

lõbus(-a) 재미있는

lõbutsema 즐거운 시간을 보내다

lõpetama 끝내다

lõpp(lõpu) 끝, 결말

lõppema 그만두다, 중지하다

lõuna 정오; 남쪽

lõunat sööma(süüa) 점심을 먹다

läbi ~을 통해서

lää/s(-ne) 서쪽

lööma(lüüa) 때리다

lühike/ne(-se) 짧은

M

maa 지구; 육지, 땅, 지대

maakaar/t(-di) 지도

maalima 그림을 그리다

maastik(-u) 풍경, 경치

madal(-a) 낮은

magama 잠자다

magamis/tuba(-toa) 침실

magus(-a) (맛이) 단, 달콤한

mahajäänud 낙후된

maits/ev(-va) 맛있는

maja 집

maks(-u) 요금, 수수료

maks/ma(-ta) 비용이 들다, 지불하다

masin(-a) 자동차

medikamen/t(-di) 약물

meeldima 누구의 마음에 들다

meeleldi 기꺼이

meeles pidama 기억하다, 명심하다

mees(mehe) 남자, 사람

mer/i(-e) 바다

mets(-a) 숲

midagi 어떤 것

milks? 왜?

millal? 언제?

milli/ne(-se)? 어느 것?

min/ema(-na) 가다

minut(-i) 분(시간)

mis(mille)? 무엇?

missugu/ne(-se)? 어느 것?

mitte ~아니다, ~지 않다

mitte keegi(-kellegi) 아무도 ~이 아
니다

mitte kunagi 결코 ~이 아니다

mitte kuskil 어디에도 ~ 없다, 아무
데서도 ~지 않다

mitte kuskile 어디로(나) ~ 않다

mitte midagi 아무것도 ~지 않다

mood(moe) 유행, 패션, 풍조

mootor(-i) 모터

mootorpaa/t(-di) 모터보트

mootorratt/as(-a) 오토바이

mugav(-a) 기분 좋은, 느긋한, 안락한

muld(mulla) 땅, 지면

muna 달걀

murdvargus(-e) (돌연한) 출현, 침
입, (갑작스런) 시작

muretsemi/ne(-se) 중재

must(-a) 더러운

muuseum(-i) 박물관

muusika 음악

muut/ma(-a) ~이 되다

mõis(mõisa) 재산, 자산, 토지

mõisahoone 농장부속 주택, 농가

mõisapar/k(-gi) 농가

mõisnik(-u) 농장주, 지주

mõn/i(-e) 몇몇의

mõnikord 때때로

mõtlema(mõtelda) 생각하다

mäda (의학) 고름, 농

mädanenud 썩은, 부패한

mägestik(-u) 산맥

mägi(mäe) 산

mälestus(-e) 추억, 기념

mäletama 회상하다

mänedzher 관리자

mängima 놀다, 연주하다

mänguas/i(-ja) 장난감

mär/g(-ja) 젖은, 축축한

mür/k(-gi) 독

mürkma/du(-o) 독사

müüma(müüa) 팔다

N

naeratama 미소 짓다

naerma ~에 대해서 웃다

nagu ~만큼; ~할 때

nai/ne(-se) 부인

naissoost 여성의

natuke 조금, 약간

natuke/ne(-se) 약간

need 이것들(복수)

nii 그래서

niiske 축축한, 젖은

nii/t(-di) 실

nim/i(-e) 이름

noor(-e) 젊은

normaal/ne(-se) 정상적인

nuga(noa) 칼

numb/er(-ri) 숫자

nut/ma(-ta) 울다

nõel(-a) 바늘

nõu 충고

nõus(olema) 동의하다

nädal(-a) 주, 주간

nägema(näha) 보다

näide 예, 모범
näi/tama(-data) 가리키다
näitus(-e) 전람회, 박람회
nälja/ne(-se) 배고픈
nüüd 지금

O

odav(-a) 값이 싼
ohtlik 위태로운, 위험한
olema(olla) ~이다
omama 가지다
omand(-i) 소유물, 재산
omanik(-u) 소유주
onu 삼촌
ootama(oodata) 기다리다
org(oru) 골짜기, 계곡
organ(-i) 기구, 도구, 기관
organiseerima 조직하다
oskama(osata) ~할 수 있다
ost/ma(-a) 사다
otse(teed) 곧바로
otsima 찾다, 추구하다
otsustama 결정하다

P

paar(-i) 약간의; 짝
paa/t(-di) 보트
paber(-i) 종이
pagas(-i) 수화물, 여행가방
paha 나쁜, 안 좋은
pai/k(-ga) 자리, 장소, 곳
pakike(-se) 작은 꾸러미
pakk(paki) 꾸러미, 다발, 소포
paks(-u) 두꺼운
palavik(-u) 열
palee 궁전, 호화저택
palju 많은
pal/k(-ga) 보수, 임금
paluma 부탁하다, 청하다
palve 부탁
pan/ema(-na) 앉히다, 세우다, 놓다
pan/k(-ga) 은행
parandama 수리하다
parem(-a) 더 좋은
parem/al(-a) 오른쪽
par/k(-gi) 공원
parkima 주차하다
parvlaev(-a) 나룻배

pass(-i) 통과, 여권

patarei 배터리

patsien/t(-di) 환자

paus 휴식시간

peal ~(의) 위에

peale istuma (배, 차 따위에) 올라
　타다, 승차하다

peatama 정지하다, 멈추다

peatus(-e) 정류소

peavar/i(-ju) 숙소

pere/kond(-koona) 가족

perekonnanim/i(-e) 성(姓), 씨(氏)

pere/mees(-mehe) 가장

perenai/ne(-se) 주부

perroon(-i) 플랫폼

pes/ema(-ta) 씻다

pet/ma(-ta) 속이다

pidama ~해야 한다

pidu(peo) 축제

pidupere/mees(-mehe) 주인

pidustus(-e) 축제

pidutsema 축하하다

piir(-i) 경계

pikem tee(-a tee) 우회로

pikk(pika) 긴(시간)

pikkamööda 천천히

pildistama 사진을 찍다

pil/t(-di) 사진, 그림

pime(-da) 어두운

pin/k(-gi) 작업대, 판매대

plaan(-i) 계획

platskaar/t(-di) 좌석표

pliiats(-i) 연필

poeg(poja) 아들

poiss(poisi) 젊음

poliitika 정치

politsel 경찰

pool(-e) 면(방향), 절반

poolt(olema) ~에 찬성하는

post(-i) 우체국

postkaar/t(-di) 엽서

postkontor(-i) 우체국

prantsuse 프랑스(어)의

Prantsusmaa 프랑스

preili 숙녀

prillid(-e) 안경

privaat/ne(-se) 사적인

probleem(-i) 문제

programm(-i) 프로그램

proovima 비용이 들다

prospekt(-i) 안내서, 계획서, (내용) 설명서

proua 부인, ~씨

präservatiiv (의학) 콘돔

prügi 쓰레기

pudel(-i) (음료의) 병

puh/as(-ta) 깨끗한

puhastama 깨끗하게 하다

puh/kama(-ata) 조용히 하다

puhkus(-e) 휴가, 축제

pulmad(-e) 결혼식

purjus 술취한

puu 나무; 목재

puuvil/i(-ja) 과일

põh/i(-ja) 북쪽

põld(põllu) 들, 밭

põlema 타다, 불타다

põllumajandus(-e) 농업, 농경

päev(-a) 날, 낮

päike(-se) 태양

pärast ~(의) 후에, ~하는 동안, ~때문에

pärast seda 그 후에

pärastlõuna 오후

päris 완전히

püsti tõus/ma(-ta) 일어나다

R

raadio 라디오 수신기

raamat(-u) 책

raha 돈, 화폐

rahu 평온, 자유

rahul 만족스러운

rahv/as(-a) 국민; 사람들

rahvus(-e) 국적

rand(ranna) 해변, 해안

rase(-da) 임신한

raske 어려운, 무거운

raudtee 철도, 선로

raudteejaam(-a) 정거장, 역

ravima 치료하다

registreerima 등록하다

reis(-i) 여행

reisibüroo 여행사

reisima 여행하다

reserveerima 예약하다

restoran(-i) 식당, 레스토랑

riie(riide) 직물, 옷감, 원료, 재료

riietus(-e) 의류

rikas(rikka) 부유한
rind(rinna) 가슴
rinnakorv(-i) 흉곽
roh/i(-u) 풀, 잔디
rohkem 더 많이
rong(-i) 기차
rumal 어리석은, 우둔한
rutta/ma(-ta) 서두르다
ruum/(-i) 공간
rõõmustama 기쁘다
rääkima 말하다
rääkimisel väratama 약속하다

S

saabuma 도착하다
saabumi/ne(-se) 도착
saadik ~이래로
saama 얻다
saa/ma(-ta) 시작하다, 얻다, ~이 되다
saar(-e) 섬
saat/ma(-a) 보내다
sadam(-a) 항구
sageli 종종
saksa 독일의, 독일 사람의, 독일어의

saksamaa 독일
saksla/ne(-se) 독일인
sakslanna 독일어, 독일인
salv(-i) (의학) 연고, 고약
seadus(-e) 법률
seal 거기, 저기
see 이것(단수)
see/p(-bi) 비누
sees ~에(장소)
segama 어지럽히다
sein(-a) 벽
seis/ma(-ta) 서 있다
sekund(-i) 초(시간)
seletama 설명하다
selja/kott(-koti) 배낭
seljast võt/ma(-ta) 벗다
selle asemel 그것 대신에
selle eest 그것을 위해서
selle poolt(olema) ~에 찬성하다
selle taga 그것 뒤에
selleks ~을 목적으로
selleks et ~하기 위해서
sellepärast 그것 때문에
sest et ~때문에
side 끈, (허리)띠

sigaret(-i) 담배

siid(-i) 명주실, 비단

siin 여기

siis 그 다음(후)에, 그리고 나서

slld(sllla) 나리, 교량

sini/ne(-se) 파란색

sinna 거기로, 저곳으로

sisenema 들어가다, 입장하다

sisse ~안으로(방향)

sisse astuma 들어가다, 입장하다

sissepääs(-u) 입구

sisseve/du(-o) 수입

sleppi võt/ma(-ta) 견인하다, 끌고
    가다

sobima 앉다, 알맞다

soe(sooja) 따뜻한

solva/ma(-ta) 모욕하다

sool(-a) 소금

soovima 바라다

soovitama 추천하다, 권하다

spor/t(-di) 스포츠

still(-i) 양식(예술)

suitsetama 담배를 피우다

sularaha 현금

summa 합계

supelpüks/id(-te) (남자용) 수영팬티

supeltrikoo (원피스) 수영복

suplema(supelda) (옥외수영장) 수
    영하다

supp(supi) 수프

sur/ema(-ra) 죽다

surm(-a) 죽음

surnud 죽은

suud/lema(-elda) 키스하다

suuna muutmi/ne(suuna-se) 우회,
    우회도로

suun/d(-a) 방향

suur(-e) 큰

suurepära/ne(-se) 뛰어난

suursaatkon/d(-na) 대사관

suurus(-e) 크기

suut/ma(-e) ~할 수 있다

suv/i(-e) 여름

sõb/er(-ra) 친구

sõbranna 친구(여)

sõidu/hind(-hinna) 운행비

sõiduk(-i) 교통기관, 차량, 선박

sõidupilet 승차권, 차표

sõiduplaan 운행시간표

sõit/ma(-a) 타고 가다

sõna 단어

sõnaraamat(-u) 사전

sõprus(-e) 우정

sõrm(-e) 손가락

säilitama 지키다, 보호하다

säära/ne(-se) 그러한

söögikaar/t(-di) 메뉴, 식단

söö/k(-gi) 식사

sööma(süüa) 먹다

sööming(-u) 식사

südamlik(-u) 진심으로

sügav(-a) 깊은

sügis(-e) 가을

sündmus(-e) 일어난 일, 사건

sünnpäev(-a) 생일

süstima 주사를 놓다

süüdi 빚이 있는

süütu 책임 없는, 순수한

Š

Šveits(-i) 스위스

Šveutsia/ne(-se) 스위스인(여)

Z

zhurnalist(-i) 기자

T

table/tt(-ti) 정제, 알약

taga ~뒤에

tagasi 뒤로

tagasisõi/t(-du) 후진

tagavaraosa 대체물

taht/ma(-a) ~하고 싶다, ~할 예정
    이다

taim(-e) 식물

takso 택시

talupo/eg(-ja) 농부

talv(-e) 겨울

tankla 주유소

tantsima 춤추다

tap/ma(-pa) 죽이다, 살해하다

tarbekunst(-i) 예술품

tar/k(-ga) 영리한, 총명한

tarvitama 이용하다

tasuta 비용이 들지 않는

tea/de(-te) 정보

tead/ma(-a) 알다

teatama 등록하다, 알리다, 소식을
　전하다

teat/er(-ri) 극장

tēē 실

teenima 얻다, 벌다

tegema(teha) 하다, 행하다

teineteist nägema 서로 바라보다

tekk(teki)(näha) 이불

telefon(-i) 전화기

telefoni teel rääkima ~와 전화하다

telegramm(-i) 전보

televiisor(-i) 텔레비전 수상기

tellima 주문하다

tellimus(-e) 주문

terav(-a) 날카로운

teretama 인사하다

terve 건강한　　　・

tervis(-e) 건강

tervisi saat/ma(-a) ~에게 인사하다,
　안부를 전하다

tervitama 인사하다

tohtima 허락하다

toiduaine 생필품

toll(-i) 관세

too(tolle) 저, 그

tooma(tuua) 데려오다, 가져오다

toores(toore) 날것의

torn(-i) 탑

traditsioon(-i) 전통

trahv(-i) 벌, 형벌, 징계

tramm(-i) 시가전철

trepp(trepi) 계단

tsekk(tseki) 수표

tuale/tt(-ti) 화장실

tualettpaber(-i) 화장지

tuba(toa) 방

tubak/as(-a) 담배

tudeng(-i) 학생

tugev(-a) 단단한

tulekahju 연소, 화재

tul/ema(-la) 오다

tuletik/ud(-kude) 성냥

tul/i(-e) 불, 화재

tulistama 닫다

tund(tunni) 시간

tund/ma(-a) 알다

tundmatu 알려지지 않은

tunne 감정, 촉감

tur/g(-u) 시장

tuttavaks saa/ma(-ta) 유명해지다

tutvustama 소개하다

tuul(-e) 바람

tõend(-i) 증거

tõl/k(-gi) 통역가

tõlkima 번역하다

tõsi(tõe) 진정한

tõst/ma(-e) 올리다

tädi 아주머니

täh/t(-e) 책꽂이

täht/is(-sa) 중요한

täis(täie) 가득 찬

täissöönud 배부른

täna 오늘

tänama 감사하다

tänan 감사합니다

tänav 거리

täp/ne(-se) 갑자기, 정확한

tööli/ne(-se) 노동자(여)

tööstus(-e) 산업

töötama 일하다

tüdruk(-u) 소녀

tüh/i(-ja) 텅 빈

tükk(tüki) 부분, 조각

tülitsema 싸우다

tüt/ar(-re) 딸

U

ujuma 수영하다

uks(-e) 문

umbes 대략

unustama 잊어버리다

uskuma 믿다

uudis/ed(-te) 뉴스

uudishimulik(-u) 호기심 많은

uus(uue) 새로운

V

vaatamisväärsus(-e) 구경거리

vaatlema(vaadelda) 구경하다, 시
   찰하다

vaba 자유로운

vabandama 사과하다

vabrik(-u) 공장

vae/ne(-se) 불쌍한

vahel ~사이에

vahendus(-e) 중재

vahetama 바꾸다, 변경하다

vajalik(-u) 필요한

vajama 필요로 하다

vaktsineerima 접종하다, 예방주사
　를 놓다

vale 잘못된

valetama 거짓말하다

valgus(-e) 빛, 광선

vallali/ne(-se) 미혼의

valmis 끝난, 완성된

valu 고통, 아픔

valutama 아프다

valuuta (외화의) 교환가치, 외환

vana 늙은

vanaei/t(-de) 노인(여)

vanaema 할머니

vanaisa 할아버지

vaname/es(-he) 노인(남)

vanama/d(-te) 부모님

vank/er(-ri) 자동차

vannitama 욕조, 목욕하다

vannit/uba(-oa) 욕실

vanus(-e) 나이

vara 이른

vargus(-e) 도둑질, 절도

varsti 곧, 금방

vasak/ul(-u) 왼쪽

vasta/ma(-ta) 대답하다

vastas ~의 맞은편에

vastu ~에 대해서, ~에 반하여

vastu võt/ma(-ta) 믿아들이나, 환
　영하다

vastus(-e) 대답

vatt(-i) 솜, 탈지면

veel 여전히, 아직

veelkord 한 번 더

vend(venna) 남자형제

vesi(vee) 물

vestlema 즐기다, 담소를 나누다

vestlus(-e) 담화

viga(vea) 오류

vigastatud 상처를 입은

vigastus(-e) 상처, 부상

vihm(-a) 비

vihmavar/i(-ju) 우산

vibimi/ne(-se) 체제, 체류

viima(viia) 가져오다

viin(-a) 화주(증류주)

viisak/as(-a) 공손한, 예의바른, 친
　절한

vil/i(-ja) 열매, 과일, 소득, 성과

vir/k(-ga) 열심히

voodi 침대

voodiriide/d(-te) 침구류

või 또는, 혹은

võib-olla 아마도

võimalik(-u) 가능한

võru 타이어

võti(võtme) 열쇠

võt/ma(-ta) 을 잡다, 쥐다, 가져가다

võõras(võõra) 낯선

väga hea 뛰어난

vähe 적은

väik/e(-se) 작은

välismaa 외국

välismaala/ne(-se) 외국인

välismai/ne(-se) 외국의

välja laena/ma(-ta) 빌려주다

välja üürima 세놓다, 빌려주다

väljapääs(-u) 출구

väljasõi/t(-du) 출발, 출국

väljave/du(-o) 수출

väljuma 내리다

värske 신선한

värv(-i) 색, 색깔

värvifilm(-i) 컬러 필름

väsinud 피곤한

vürts(-i) 양념, 향료

õ

õde(õe) 자매

õed-vennad(õdede-vendade) 형
제, 자매, 오누이

õhtu 저녁

õhtusöö/k(-gi) 저녁식사

õige 올바른

õigus(-e) 법

õli(õli) 기름

õlu 맥주

õnn(-e) 행운

õnnelik ol/ema(-la) 운 좋다

õnntus(-e) 불행

õnnitlema 축하하다

õpetaja 선생님

õpetajanna 선생님(여)

õpetama 가르치다, 알리다

õpila/ne(-se) 학생

õpilanna 학생(여)

õppima 배우다

ä

äike(-se) 뇌우

ämb/er(-ri) 양동이

ära and/ma(-a) 넘겨주다, 제출하다

ära len/dama(-nata) 이륙하다

ära sõit/ma(-a) 여행가다, 출발하다

 äratama 깨우다

äri 상점, 가게

ärka/ma(-ta) 눈뜨다, 깨어나다, 정
　신이 들다

ö

öö 밤, 야간

ü

üheskoos 함께

ühis/kond(-konna) 사회

üks teist 서로 서로

üksi 혼자

ükskord 한 번

üle ~의 위쪽에, ~을 넘어서

üleeil/e(-se) 그저께

ülehom/me(-se) 내일 모레

ülejäänud 나머지의

ülekanne 계좌이체, 송금

ülem(-a) 우두머리, 장, (가게) 주인

üles tõus/ma(-ta) (문 따위가) 열려
　있다, 일어서다, 일어나다

üleval 높은 곳에

ülikool(-i) 대학

ümber ~둘레에

ümbrus(-e) 환경, 토지

ütlema(ütelda) 말하다

üürima 임차하다, 빌리다

참고자료

김정곤 · 정정임(2002): 『한국-에스토니아어, 에스토니아-한국어 사전』, 탈린.

이상금(2010): 『발트3국에 숨겨진 아름다움과 슬픔』, 산지니, 부산.

이상금 · 박영미 · 윤기현 · 이현진 · 허남영(2011): 『발트3국의 역사 · 문화 · 언어』, 산지니, 부산.

유성호(2010): 『에스토니아어-한국어 사전』, 도서출판 문예림, 서울.

Irja Grönholm(2002): Estnisch - Wort für Wort, Bielefeld.

Kallista Kann, Elisabeth Kibbermann, Feliks Kibbermann, Salme Kirotar(2003): Eesti-saksa sõnaraamat, 5. parandatud ja täiendatud trükk, Tallinn.

웹사이트 에스토니아 www.riik.ee